OUTPUT

THE POWER OF OUTPUT : How to Change Learning to Outcome

学びを結果に変える
アウトプット大全

精神科医
樺沢紫苑

sanctuary books

科学的に自己成長を加速し、
人生を好転させる

はじめに

あなたが成長するためのカギは？

「自分の意見をうまく伝えたい」
「交渉や営業が得意になりたい」
「いいアイデアが浮かぶようになりたい」
「仕事や勉強の成果をもっと出したい」
　こんなふうに思っている方は多いのではないでしょうか。

　実は、たくさん本を読んだり、セミナーを受講したりして「インプット」しても、「アウトプット」の方法を間違えていると、自己成長することはできません。
　なぜならば、それが脳の仕組みだからです。

できる人ほど、アウトプットを重視している

　断言しましょう。
　圧倒的に結果を出し続けている人は決まって、インプットよりアウトプットを重視しています。

　知識を詰め込むインプットの学びだけでは、現実は変わりません。
　インプットをしたら、その知識をアウトプットする。実際に、知識を「使う」ことで脳は「重要な情報」ととらえ、初めて長期記憶として保存し、現実にいかすことができます。これが脳科学の法則です。
　脳の基本的な仕組みを知らないことで、人生の貴重な時間を失っている。計り知れない損失をこうむっているのです。

　「小、中学校の頃は、教科書を読むだけで内容を記憶できた！」という人もいるでしょう。スポンジが水を吸い込むように記憶し、経験として蓄積できるのは、せいぜい20歳まで。
　20歳を超えると、神経ネットワークの爆発的成長は終了します。アウトプット中心の学びに切り替えないと、まったく記憶に残らないし、経験値として積み上がりません。

　私の調査では、約9割のビジネスマンは、インプット中心の学び方や働き方をしています。つまり、効率が非常に悪い。9割の人たちは、大切な時間とお金を無駄にしているのです。「アウトプットが下手」という、ただそれだけの理由で。

人生を変えるのは、アウトプットだけ

　自己紹介が遅れました。私は精神科医の樺沢紫苑と申します。作家として28冊の本を出版しています。

　私は、毎月20冊以上の読書を30年以上続けています。これは、圧倒的なインプット量といえると思いますが、あるとき「いくらインプットしてもちっとも成長していない」ということに気付きました。

　それ以来、意識的にアウトプットを強化し、今日に至ります。

　私が行っているアウトプットの一部を紹介しましょう。

メルマガ、毎日発行　13年
Facebook、毎日更新　8年
YouTube、毎日更新　5年
毎日3時間以上の執筆　11年
年2〜3冊の出版　10年連続
新作セミナー　毎月2回以上　9年連続

　詳しくは後述しますが、その結果、私は飛躍的な自己成長を日々体感できるようになりました。

　15万部のベストセラー『読んだら忘れない読書術』（サンマーク出版）を筆頭に、累計50万部の本を出すことができたのです。

　これだけアウトプットばかりしていると、「寝る時間はあるのですか？」とよく質問されますが、睡眠時間は毎日7時間以上を確保しています。

それだけではなく、

基本、18 時以後は働かない
月 10 本以上の映画鑑賞
月 20 冊以上の読書
週 4 ～ 5 回のジム通い
月 10 回以上の飲み会
年 30 日以上の海外旅行

と、普通の人の 3 倍以上は遊んでいると思います。

なぜこんなことができるのかというと、アウトプットの方法を工夫し、インプットとアウトプットのバランスを整え、学びと自己成長のスピードを最大化することに成功したからです。

人生は、アウトプットで変わります。
仕事や勉強をアウトプット中心に切り替えるだけで、あなたの自己成長は飛躍的に加速し、計り知れない能力を発揮することができるのです。

「日本一アウトプットをしている精神科医」である私が、数万時間を越える「アウトプット経験」をもとに確立した、圧倒的に結果が出る「アウトプット術」。
本書では、そのすべてをお伝えしたいと思います。

 **CONTENTS**

はじめに ——————————————————————— 004

CHAPTER1 アウトプットの基本法則
RULES

アウトプットとは？ アウトプットの定義 ——————————— 018
「現実」はアウトプットでしか変わらない

自己成長とアウトプットの関係 ————————————————— 020
成長曲線は、アウトプットの量で決まる

アウトプットとは「運動」である ————————————————— 022
体で覚える「運動性記憶」が記憶定着のカギ

アウトプットの基本法則1 ——————————————————— 024
2週間に3回使った情報は、長期記憶される

アウトプットの基本法則2 ——————————————————— 026
出力と入力のサイクル「成長の螺旋階段」

アウトプットの基本法則3 ——————————————————— 028
インプットとアウトプットの黄金比は3:7

アウトプットの基本法則4 ——————————————————— 030
アウトプットの結果を見直し、次にいかす

効果的なフィードバックの4つの方法 ————————————— 032
「成果」を「成長」につなげるためのステップ

アウトプットの6つのメリット ————————————————— 036
人生が楽しく、豊かなものに変わっていく

CHAPTER2 科学に裏付けられた、伝わる話し方
TALK

01 話す1
昨日の出来事を話すのも、立派なアウトプット ——————— 040

02 話す2
ポジティブな言葉を増やすだけで幸せになれる ——————— 042

03 話す3
悪口はネガティブ人生の始まり ———————————————— 044

04 伝える1
見た目や態度は、口ほどにものをいう ———— 046

05 目を見る
目は「想い」や「感情」を伝える饒舌な器官 ———— 048

06 伝える2
柔らかく的確に伝える「クッション話法」 ———— 052

07 挨拶する
挨拶は「あなたを認めています」のサイン ———— 056

08 雑談する
「長く話す」より「ちょくちょく話す」 ———— 058

09 質問する1
開始前の質問が、学びの方向性を決める ———— 060

10 質問する2
場の議論を深める「適切な質問」とは ———— 062

11 依頼する
「ギブ&テイク」より、「ギブ&ギブ」の精神 ———— 064

12 断る1
「本当にやりたいこと」を優先するために ———— 066

13 断る2
「優先順位」を絶対基準に、即座に判断 ———— 068

14 プレゼンする
緊張を味方につけると、パフォーマンスは上昇 ———— 070

15 議論する
必要なのは、入念な下準備と少しの勇気 ———— 072

16 相談する
気持ちを誰かに話すだけで、心は軽くなる ———— 076

17 つながる
「強い絆」の15人と濃い関係をつくる ———— 078

18 ほめる1
「ほめて伸ばす」は理に適っている ———— 080

19 ほめる2
相手が調子に乗らない、効果的な「ほめ方」 ———— 082

20 叱る1
怒るのは自分のため、叱るのは相手のため ― 086

21 叱る2
信頼関係がないと、叱っても逆効果 ― 088

22 謝る
「謝る」のは「負け」ではない ― 090

23 説明する1
「意味記憶」から「エピソード記憶」に変換 ― 092

24 説明する2
「堂々とした態度」に「裏付け」をプラス ― 094

25 打ち明ける
自分の本心を明かすことが、絆につながる ― 096

26 自己紹介する
「30秒」「60秒」の2パターンを用意 ― 098

27 営業する1
「売り込む」のではなく「価値を伝える」 ― 102

28 営業する2
「価値>価格」が成り立てば商品は売れる ― 104

29 感謝する
すべてがうまくいく魔法の言葉「ありがとう」 ― 106

30 電話する
いざというときに、最強の力を発揮するツール ― 108

CHAPTER3 能力を最大限に引き出す書き方
WRITE

31 書く
書けば書くほど、脳が活性化する ― 114

32 手で書く
タイピングよりも圧倒的な手書きの効果 ― 116

33 書き込む
びっしり書き込まれた本は、学びの軌跡 ― 118

34 書き出す1
頭の中にある情報を、写真のように残す作業 ―― 120

35 落書きする
「記憶力を高める」という驚きの効果 ―― 122

36 書き出す2
脳は、同時に3つのことしか処理できない ―― 124

37 上手な文章を書く
「たくさん読んで、書く」以外の道はなし ―― 126

38 速く文章を書く
「設計図」しだいで、文章が3倍速で書ける ―― 128

39 速く入力する
仕事でパソコンを使うなら必須のスキル ―― 130

40 TO DO リストを書く
朝イチでやる、1日で最重要な仕事 ―― 134

41 気付きをメモする
アイデアを逃したくなければ、勝負は30秒 ―― 138

42 ひらめく1
リラックスこそが創造を生み出す ―― 140

43 ぼーっとする
「ぼんやり」が脳の働きを活性化 ―― 142

44 ひらめく2
最高のひらめきに必要な4つのプロセス ―― 144

45 カードに書く
アイデア出しに欠かせない、100均カード ―― 146

46 ノートをとる
思考の軌跡は、1冊のノートにすべて残す ―― 150

47 構想をまとめる
初めは、紙とペンで「アイデア出し」から ―― 154

48 プレゼンスライドをつくる
パワポを開くのは、構想が固まってから ―― 156

49 ホワイトボードに書く
意見を出し合う場では最適なツール ―― 160

50 引用する1
説得力を圧倒的に高める「引用」マジック ———— 162

51 引用する2
プロが使うツールで、適切な引用元を探す ———— 164

52 要約する
140字で鍛える「要約力」=「思考力」 ———— 166

53 目標を書く
具体的な「実現する目標」を立てる ———— 168

54 目標を実現する
目標は脳裏に焼き付け、世間に公言 ———— 172

55 企画書を書く
企画になりそうなネタを日頃からキャッチ ———— 174

56 絵や図を描く
「言葉で説明」よりも「言葉+絵で説明」 ———— 178

57 メールを送る
朝イチのメールチェック&返信は5分以内 ———— 180

58 楽しく書く
自己成長のための「相棒」に、惜しみなく投資を ———— 184

59 問題を解く
「暗記」3:「問題集」7が勉強の黄金比 ———— 186

CHAPTER4 圧倒的に結果を出す人の行動力
DO

60 行動する
「自己満足」を「自己成長」に変える ———— 190

61 続ける
結果を出すための究極の成功法則 ———— 192

62 教える1
自己成長に最も効果のあるアウトプット ———— 196

63 教える2
探せば見つかり、ないならつくればいい ———— 198

64 集中する
人間の脳は「マルチタスク」ができない ―― 200

65 チャレンジする1
チャレンジなくして自己成長はなし ―― 202

66 チャレンジする2
「がんばればなんとかなりそう」を繰り返す ―― 204

67 始める
5分だけがんばって「やる気スイッチ」オン ―― 206

68 やってみる
トライしなければ、永久に今のまま ―― 208

69 楽しむ
「楽しい」と記憶力とモチベーションがアップ ―― 210

70 決断する
「ワクワクするほう」を「5秒で」選ぶ ―― 212

71 （言葉で）表現する
つらさや苦しさは、吐き出してデトックス ―― 214

72 完成させる
「30点の完成品」を、時間をかけて磨き上げる ―― 216

73 率いる
「目標」ではなく「ビジョン」を掲げる ―― 218

74 笑う
笑顔をつくると、10秒でハッピーになれる ―― 220

75 泣く
涙にはストレス発散効果がある ―― 222

76 「怒り」をコントロールする
発散ではなく、上手に受け流すべき感情 ―― 224

77 眠る
結果が出せないのは、睡眠不足のせいかも ―― 226

78 運動する
1回1時間×週2の有酸素運動が脳を活性化 ―― 228

79 危機管理する
「ヒヤリ・ハット事例」をひとつでも減らす ―― 230

80 時間管理する
1日15分の「スキマ時間」を活用 — 232

CHAPTER5 TRAINING アウトプット力を高める7つのトレーニング法

その1　日記を書く
簡単で最高のアウトプット・トレーニング法 — 240

その2　健康について記録する
「体重」「気分」「睡眠時間」を毎日記録 — 246

その3　読書感想を書く
本を読んだら、必ずその感想を書く — 248

その4　情報発信する
デメリットよりもメリットが圧倒的に多い — 254

その5　SNSに書く
情報発信の第1ステップ「内輪への発信」 — 258

その6　ブログを書く
「人気ブロガー」になるための3つの秘訣 — 262

その7　趣味について書く
マニア知識をいかして「人を動かす」記事を — 266

おわりに — 268
参考図書 — 271
著者プロフィール — 272

THE POWER OF OUTPUT

CHAPTER1

アウトプットの基本法則

RULES

CHAPTER1 RULES

アウトプットとは？アウトプットの定義
What is Output?

「現実」はアウトプットでしか変わらない

　本書ではアウトプットの重要性と、具体的なアウトプット法、そしてアウトプットを自己成長につなげる方法をお伝えしていきます。

　さてその前に、よく「インプット」と「アウトプット」という言葉が使われますが、そもそも「インプット」「アウトプット」とはなんなのでしょうか？

　インプットとは、脳の中に情報を入れる、つまり「入力」すること。アウトプットとは、脳の中に入ってきた情報を脳の中で処理し、外界に「出力」することです。

　具体的にいうと、「読む」「聞く」がインプットで、「話す」「書く」「行動する」がアウトプットです。

　本を読むのはインプット。その感想を友人に話せばアウトプットになります。本の感想を文章に書くのもアウトプットですし、本の内容をもとに実際に行動してみることもアウトプットです。

　勉強でいうなら、教科書を読むのがインプット。問題集を解く、テストを受けるのがアウトプット。理解した内容を友人に説明する、教えるのもアウトプットです。

　インプットすると、脳の中の情報や知識が増えます。しかし、インプットだけでは、現実的な変化は何ひとつ起きません。

　一方、アウトプットは「行動」です。アウトプットして初めて、現実世界に対して変化や影響を与えることができるのです。

　本を100冊読んでも、まったくアウトプットしなければ、現実の世界は何ひとつ変化することはありません。

　インプットは「脳内世界」が変化するだけ。アウトプットして初めて「現実世界」を変えることができます。

アウトプットとは？

インプット ＝「入力」すること　　アウトプット ＝「出力」すること

読む

話す

聞く

書く

行動する　あの人に会いに行こう！

⬇　　　　　　　　　⬇

「脳内世界」が変わる　　　「現実世界」が変わる

> 目の前の現実を変えたいなら、
> どんどん話そう、書こう、行動しよう。

CHAPTER1　アウトプットの基本法則

CHAPTER1 RULES
自己成長とアウトプットの関係
Relationship between Self-growth and Output

成長曲線は、アウトプットの量で決まる

「月3冊読書をする人」と、「月10冊読書をする人」では、どちらが成長すると思いますか？ ほとんどの人は、「本をたくさん読むと、いろいろな知識を身につけることができるので自己成長できる」と思っているでしょう。

しかし、それは間違いです。インプットの量と自己成長の量は、まったく比例しません。重要なのは、インプットの量ではなく、アウトプットの量なのです。

たとえば、「月3冊読んで3冊アウトプットする人」と「月10冊読んで1冊もアウトプットしない人」とでは、どちらが成長するでしょうか？ 間違いなく「3冊読んで3冊アウトプットする人」、つまりアウトプット量が多い人です。

なぜなら、いくらインプットしてもアウトプットしない限り、記憶として定着しないからです。

「自分はちゃんと本を読んでいるから、そんなに忘れるはずがない」という人は、本棚にある本を適当に1冊取り出して、その内容を5分で説明してみてください。5分で説明できるのなら、その本の内容を記憶しているし、知識が定着している、身についているということ。しっかり自己成長の糧となっています。

もし説明できないとすれば、それは内容を覚えていないということ。記憶に残っていないのなら、なんの役にも立っていないということです。

以前、私はある実験をしました。170万部を超える大ベストセラー『嫌われる勇気』（岸見一郎・古賀史健著、ダイヤモンド社）を読んだことのある30人に、「アドラー心理学とはどんな心理学ですか？」と質問しました。的確に答えられたのは、たったの3人でした。わずか1割です。ほとんどの人は、「えーと」と言ったきり無言になりました。

約9割の人は読書をしたり、講義を受けたりしても、「わかったつもり」になっているだけで、実際は知識として記憶に定着していないのです。つまり、インプットはただの「自己満足」。「自己成長」はアウトプットの量に比例するのです。

どちらが成長しますか？

月3冊読書する人   月10冊読書する人

月3冊読んで   月10冊読んで
3冊アウトプットする   1冊もアウトプットしない

↗ 自己成長が加速する   → 変化は少ない

> 得た知識をアウトプットして、
> 「わかったつもり」を卒業しよう。

CHAPTER1 アウトプットの基本法則

CHAPTER1 RULES

アウトプットとは「運動」である
Output is Exercise

体で覚える「運動性記憶」が記憶定着のカギ

「読む」「聞く」がインプットで、「話す」「書く」「行動する」がアウトプット。インプットとアウトプットの最大の違いを一言でいうと、アウトプットは「運動」であるということです。

アウトプットするとき、人は、運動神経を使って筋肉を動かします。手の筋肉を動かして「書く」、口や喉の周りの筋肉を使って「話す」、全身の筋肉を使って「行動する」。いずれも運動神経と筋肉を使っています。

「書く」「話す」といった運動神経を使った記憶は、「運動性記憶」と呼ばれます。運動性記憶の特徴は、一度覚えるとその後はほとんど忘れることはないということです。3年ぶりに自転車に乗ったら乗り方を忘れていた、ということはないはずです。

筋肉や腱を動かすと、その運動は小脳を経て、海馬を経由し、大脳連合野に蓄積されます。小脳を経由するので、経路が複雑になり、多くの神経細胞が働くことで記憶に残りやすくなる。だか

体で覚えると忘れづらい

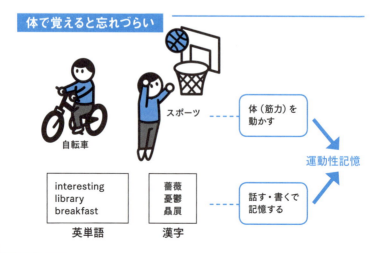

ら、一度覚えたら忘れにくいという特徴があるのです。

通常の教科書を読んで覚える「暗記」は、「意味記憶」を使って記憶しますが、意味記憶は覚えにくく、忘れやすいという特徴があります。

そこで、「書いて覚える」「声に出して覚える」ようにするだけで、「運動性記憶」として記憶することができるのです。

たとえば、漢字や英単語の場合、いちいち頭で考えなくても、手が勝手に動くということがあると思いますが、この「体が覚えている」という感覚が「運動性記憶」です。

「apple りんご」と頭の中で読み上げるだけでは、ほとんど記憶に残りません。「apple りんご」と声を出して読み上げながら、紙に「apple りんご」を何度も書く。10回から20回繰り返すと、かなり記憶に残るはずです。

「話す」「書く」「行動する」。運動することで記憶に残りやすくなり、真の意味で「身につく」、すなわち自己成長につながるといえるのです。

 目で追うだけでなく、声に出して、手で書いて覚えよう。

CHAPTER1 RULES
アウトプットの基本法則 1
The Basic Rules of Output

2週間に3回使った情報は、長期記憶される

あなたは、1カ月前のランチで何を食べたか覚えていますか？ほとんどの人は覚えていないと思います。では、3日前のランチはどうでしょう？ これは、多くの人が思い出せるはずです。

なぜ3日前のことは覚えているのに、1カ月前の記憶は曖昧になるのでしょうか。また、それを防ぐにはどうすればいいのでしょうか？

人間の脳は、「重要な情報」を長期記憶として残し、「重要でない情報」は忘れるようにつくられています。「重要な情報」とは、インプットしたあとに何度も「使われる情報」です。

つまり、インプットしても、その情報を何度も使わないと、すぐに忘れてしまうのです。

脳に入力された情報は、「海馬」というところに仮保存されます。その期間は、2〜4週間です。海馬の仮保存期間中に、その情報が何度も使われると、脳はその情報を「重要な情報」と判断し、「側頭葉」の長期記憶に移動します。

海馬と側頭葉

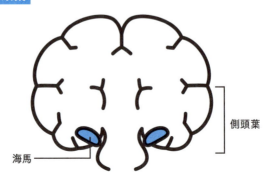

一度、側頭葉に記憶されると、その記憶は忘れづらく、長期間覚えていることができます。コンビニでお金を「レジ」に仮保管しておいて、お金が貯まったら「金庫」に移すようなイメージです。

だいたいの目安としては、情報の入力から 2 週間で 3 回以上アウトプットすると、長期記憶として残りやすくなるといいます。中学、高校の頃の勉強を思い出してください。英単語を一度で暗記できる人はいません。最初に暗記してから、3 回くらい復習して、ようやく記憶できるのです。

「情報を使う」というのは、アウトプットするということ。その情報を「話す」「書く」ことで、長期記憶に移動されるのです。

CHAPTER1 アウトプットの基本法則

脳が記憶する仕組み

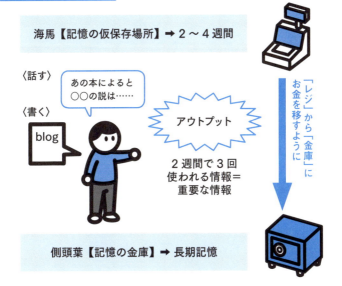

「話す」「書く」を3回繰り返し、情報を記憶として定着させよう。

CHAPTER1 RULES

アウトプットの基本法則 2
The Basic Rules of Output

出力と入力のサイクル「成長の螺旋階段(らせん)」

　これまでに見てきた通り、アウトプットによって記憶が残り、知識が身につき、自己成長が実現します。しかし、アウトプットするためには、やはりインプットが必要。インプットとアウトプットの関係は、どのように理解すればいいのでしょうか？

　まずインプットをする。インプットをしたらアウトプットをする。アウトプットをしたら、またインプットをする。インプットとアウトプットをどんどん繰り返すことによって、自己成長できるのです。

　インプットとアウトプットを繰り返すわけですが、それは円のように同じ所を回るのではありません。インプットとアウトプットを一巡するたびに少しだけ成長できます。

　さらに、インプットをしてアウトプットをすることによって、螺旋階段を上るように、上へ上へとどんどん成長していくことができるのです。

　これを私は、「成長の螺旋階段の法則」と呼んでいます。インプットとアウトプットを繰り返す。これこそが、究極の勉強法、学習法であり、「自己成長の法則」です。

　作家の立花隆氏は、「絶えざるインプットによって蓄積され形成された豊かな個性的知的世界こそが、よきアウトプットの土壌である」と述べています。インプットとアウトプットの反復こそが、知的生産活動の軸であるといえます。

　脳科学者の茂木健一郎氏は、『脳を活かす仕事術』の神髄は、"喜びの中で「脳の出力と入力のサイクルを回す」ことにほかなりません"と、脳のインプットとアウトプットのサイクルを回すことの重要性について述べています。

　自己成長したければ、インプットをしてアウトプットをする。それをとにかく繰り返すことです。

自己成長の螺旋階段

「インプット」と「アウトプット」のサイクルをどんどん回す

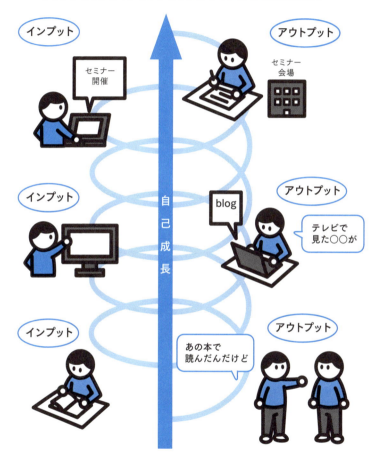

 インプットには、
必ずアウトプットをセットにしよう。

アウトプットの基本法則 3
The Basic Rules of Output

インプットとアウトプットの黄金比は 3 : 7

　インプットとアウトプットの最も効率的な割合はどのくらいでしょうか？

　大学生を対象に、勉強時間のうち「インプット」（教科書を読む）と「アウトプット」（問題を解く）をそれぞれどのように時間配分して勉強しているかを調べた研究によると、インプット対アウトプットの平均的な比率は 7 対 3 でした。

　また、私がセミナー参加者（社会人）の 88 名を対象に行った調査では、インプットとアウトプットの比率は、7.1：2.9。やはり 7 対 3 という結果になりました。またアウトプットの割合が 4 割以下の人が全体の 88％を占め、ほとんどの人がインプット中心の勉強、学びを行っていることがわかりました。

　つまり、学生も社会人も、ほとんどの人がインプット中心の勉強をしているのが現実です。

　一方、コロンビア大学の心理学者アーサー・ゲイツ博士が興味深い実験をしています。

　小 3 から中 2 までの 100 人以上の子どもたちに、「紳士録」（人名年鑑）に書かれた人物プロフィールを覚えて暗唱するように指示しました。子どもたちに与えられた時間は 9 分間でしたが、そのうちの「覚える時間」（インプット時間）と「練習する時間」（アウトプット時間）の割合は、グループごとに異なる時間が指示されました。

　最も高い結果を出したのは、約 40％を「覚える時間」に費やしたグループでした。年長の生徒になると「覚える時間」が少なくて済むようになり、「覚える時間」に約 30％の時間を費やしたグループが高得点をとりました。

　アウトプット比率でいうと、初心者は 6 割、熟練者は 7 割の時間をアウトプットに振りわけるのが、効果的な勉強・学びの方法

といえるのです。

多くの人は、「インプット過剰／アウトプット不足」に陥っており、それこそが「勉強しているのに成長しない」最大の原因ともいえます。インプットとアウトプットの黄金比は、3対7。インプット時間の2倍近くをアウトプットに費やすよう意識しましょう。

インプット＜アウトプットが成長へのカギ

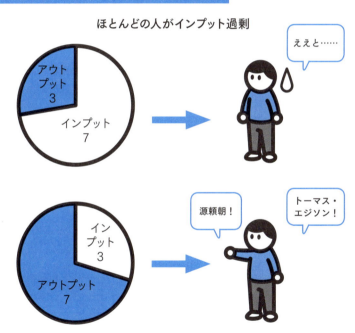

インプットとアウトプットの黄金比は3：7！

 教科書をじっくり読むより、問題をどんどん解いていこう。

CHAPTER1 RULES

アウトプットの基本法則 4
The Basic Rules of Output

アウトプットの結果を見直し、次にいかす

　インプットとアウトプットを繰り返すことによって、猛烈に自己成長できるということがわかりました。しかし、「インプットもアウトプットもしているけれど、ちっとも自己成長できない」という方もいます。いったい、何が間違っているのでしょうか？　それは、フィードバックがきちんとできていないのです。

　「インプットとアウトプットを何度も繰り返すことで飛躍的に自己成長ができる」と書きましたが、実はアウトプットしたあと、次のインプットの前に、絶対に必要なプロセスがあります。それが「フィードバック」です。
　フィードバックとは、アウトプットによって得られた結果を評価し、その結果を考慮して、次のインプットに修正を加えるという作業です。見直し、反省、改善、方向修正、微調整、原因究明。すべてフィードバックです。
　何か行動を起こしたときに、失敗した場合はその原因、理由を考えて対策を講じる。成功した場合は、うまくいった理由を考えさらにうまくいくように工夫します。

フィードバックとは？

フィードバックを行うことで、行動が方向修正され、前の自分よりも必ず進歩、成長することができます。フィードバックがないと、同じところを延々と回り続けることに。つまり、堂々巡りを繰り返すだけで、まったく成長にはつながりません。

　たとえば、試験で問題を間違えた場合。成績のいい子どもは、なぜ間違ったのか原因を調べて、きちんと復習して、自分の弱点を補強し、二度と間違わないように勉強し直します。
　成績の悪い子どもは、「間違った問題」をほったらかしにします。結局、次の試験でも同じ間違いを繰り返してしまう。それでは、成績が上がるはずがありません。
　アウトプットをしてフィードバックをしないのは、トイレに行って水を流さないようなもの。せっかくのアウトプットも**やりっぱなしでは、成長につながらない**のです。

自己成長にフィードバックは不可欠

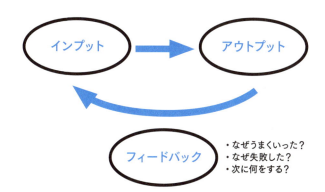

- なぜうまくいった？
- なぜ失敗した？
- 次に何をする？

 うまくいったときも、失敗したときもその「理由」を考えよう。

CHAPTER1 RULES 効果的なフィードバックの4つの方法
4 Effective Ways of Feedback

「成果」を「成長」につなげるためのステップ

　フィードバックの習慣がない人は、何を反省して、何を次の行動につなげていくか、方向性がまったくわからないと思います。

　そこで、効果的なフィードバックを行うための4つの方法、4つの武器をお伝えします。

(1) 短所克服と長所伸展

　人間が成長するためには2つの方向性があります。それは、「短所克服」と「長所伸展」です。欠点や短所、苦手分野を克服するのか、長所、得意分野を伸ばすのか。そのどちらかしかないのです。

　本を読んで「理解できなかった点」を、読み返す。ネットで調べる。別の本で調べるのが「短所克服」です。一方、本を読んで「おもしろかった点」「役に立った点」を実際に実行してみる。それをさらに工夫するために別の本を読む。これが、「長所伸展」です。問題集を解く場合、「正解」したら、さらに難しい応用問題に挑戦するのが「長所伸展」。問題を「間違え」たら、間違えた原因を究明し、基本を確認し、教科書を再読するのが「短所克服」です。

　勉強が不得意、苦手な人は、まずは「長所伸展」を優先させ、自信をつける。勉強の「楽しさ」を感じとることが重要です。大

長所伸展と短所克服

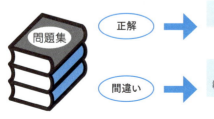

きな結果を出したい場合は、「短所克服」ですが、「短所克服」には精神力と時間を要するので、やや上級者向けです。

(2) 広げると深める

学びを進めていく場合、その方向性は「広げる」か「深める」の2つの方向性しかありません。

最初はある程度「広げる」勉強を行っていきます。浅く広く勉強していく。その中で、関心、興味のあるもの、好奇心がそそられるものが見つかれば、どんどん「深める」勉強をするべきです。

たとえば、拙著『読んだら忘れない読書術』(サンマーク出版)を読んだあと、次に何を読むかを考える場合、「別の人の読書術はどうなっているんだろう？」と広げる方向性でいくのなら神田昌典氏や齋藤孝氏など別の人が書いた読書術の本を読んでみる、というのがいいでしょう。

樺沢流の勉強法をもっと深めたいと思ったならば、読書に限らず「勉強法」全般について論じている『ムダにならない勉強法』(サンマーク出版)を読んでみるのもいいでしょう。

自分は、その知識を「広げたい」のか「深めたい」のか？「広げる」と「深める」の2つのベクトルを意識するだけで、次に何をすべきかが明確にわかります。

勉強の2つの軸

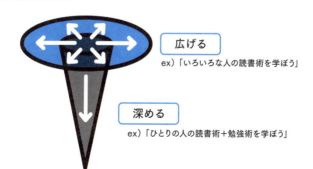

(3)「なぜ？」を解決する

インプットをしてアウトプットをすると、必ず「疑問」が生まれてくるはずです。「なぜうまくいかないのか？」「なぜこうなるのか？」。そうした「なぜ」は放置してはいけません。「なぜ」を突き詰めると、その先に「気付き」が見えてきます。「なぜ」を解決して乗り越えることが成長です。

疑問が生じたら、まずはネットで検索してみる。あるいは、別の本でさらに深めてみる。疑問を自分で解決できる人は、成長のスピードが速いです。疑問を自分で解決できない人は、いつまでも「今のステージ」から脱出できません。

「なぜ」は放置しないで、今すぐ解決するクセをつけましょう。

(4) 人に教えてもらう

最も効果的なフィードバック法は、「人」からアドバイスをもらうことです。先生、教師、先輩、上司、専門家、コーチ、監督、コンサルタント、メンターなど、自分よりも知識や経験の多い人からアウトプットに対して適切なアドバイスがもらえると、弱点、欠点の修正にもつながり、飛躍的に成長するきっかけとなります。

その場合、なんでもかんでも質問すればいいというものではありません。自分なりに疑問、問題点に対する探求を進めておく。

アウトプットすると

「"なぜ"を解決する」をしっかりやっている人ほど、そこから一歩先のアドバイスをもらえます。簡単なことばかり質問していると、基本的なことを教えてもらうだけで終わってしまうので、成長や進歩につながりません。

また、困ったときに適切なアドバイスをもらえる人を普段からつくっておくことも大切です。

インプット、アウトプットをしたら、必ず結果、成果に対してフィードバックを行う習慣をつけましょう。フィードバックは、すべての行動に関して、毎日行うべきです。

常に方向修正、微調整をしながら、次のインプットにつなげていく。「うまくいっている点」と「うまくいかない点」を把握できれば、「何をすべきか」が自然と見えてきます。

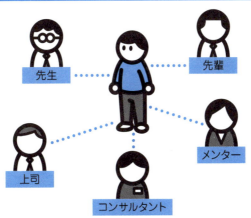

疑問や違和感は放置せず、
あらゆる手段を使って必ず解決しよう。

CHAPTER1 RULES アウトプットの6つのメリット
6 Advantages of Output

人生が楽しく、豊かなものに変わっていく

　アウトプットをすることで、実際にどのようなメリットが得られるのでしょうか？　ここでは、「アウトプットをがんばろう！」という気持ちが湧くような、メリットを紹介していきます。

（1）記憶に残る

　人は、インプットされただけの情報は忘れてしまいます。しかし、アウトプットをすることで、脳はそれを「使われた情報」「重要な情報」と判断するので、記憶に残ります。

（2）行動が変わる

　アウトプットとは、「話す」「書く」「行動する」です。アウトプットはすべて「運動」であり「行動」です。アウトプット後にフィードバックをすることで、あなたの行動はよりいい方向へレベルアップしていきます。

（3）現実が変わる

　自分の行動が変わると、周囲の人たちにさまざまな影響があらわれて、現実が変わります。仕事がより効率的になったり、人間関係が円滑になったり、現実世界がポジティブな方向に動き出します。

（4）自己成長する

　インプット、アウトプット、フィードバックを繰り返すことで、自己成長できます。このサイクルをとにかく繰り返すことで、あなたは確実に自己成長の階段を上っていきます。

（5）楽しい

　ここまでくると、アウトプットが楽しくてしょうがないはずです。ポジティブなアウトプットをすると人から評価されます。ほめられ

ます。信頼されます。だから、もっとアウトプットをしたくなります。アウトプットのモチベーションもガンガン上がります。

(6) 圧倒的な結果が出る！

自己成長が進み、現実がどんどんいい方向に変化していきます。職場での評価が上がり、大きな仕事を任せられるようになり、昇給・昇進します。

人間関係が円滑になり、職場の仕事がやりやすくなります。恋人やパートナーができる。さまざまなポジティブな結果が連鎖的に起こり、あなたの人生は楽しく、豊かなものへと変わる。アウトプットをすることで、圧倒的な結果が出るのです！

人生の成功法則、それが「アウトプット」です。

それでは、CHAPTER2から具体的なアウトプットの方法、実践方法についてお伝えしていきます。

アウトプットによる6つのメリット

記憶に残る　現実が変わる　楽しい

行動が変わる　自己成長する

圧倒的な結果が出る！

 **成功を収めたいなら
とにかくアウトプットが不可欠。**

THE POWER OF
OUTPUT

CHAPTER2
科学に裏付けられた、伝わる話し方
TALK

CHAPTER2 TALK

01 話す1
Talk

昨日の出来事を話すのも、立派なアウトプット

「アウトプットが苦手」という人は、どんなアウトプットからスタートすればいいのでしょうか?

まずは、「話す」ことから始めましょう。「話す」ことが、最も簡単なアウトプットです。「昨日、こんなことがあってさ」と昨日の出来事を友人や同僚に話す。これも立派なアウトプットなのです。

読んだこと、聞いたこと、自分が体験したこと。それについて、第三者に言葉で話してみましょう。

たとえば、「昨日、読んだ本に書いてあったんだけど……」という話を、家族にして、友人にして、後輩にする。1週間以内に3回、本の感想を人に話すことができれば、「アウトプットの基本法則1」の「2週間に3回使った情報は、長期記憶される」を楽にクリアできます。

脳内にある情報、あなたの考え、思考、想いなどが、言語化されて外界へ吐き出される。ただ「感想を話す」だけで、脳は活性化し、記憶の増強、定着にも大きく貢献するのです。

本を読んだ感想、映画を観た感想、テレビ番組を見た感想、スポーツの試合を見た感想、おいしいものを食べたグルメ感想。何から始めてもいいので、まずは「感想を人に話す」ことからアウトプットをスタートするといいでしょう。

「感想を話す」ときのコツは、「自分の意見」「自分の気付き」をひとつでいいので盛り込むことです。

よくSNSで「話題のラーメン店に行きました!」という投稿がありますが、それがどんな味で、おいしいのかおいしくないのか。肝心な感想が書かれていないものが多いのです。

自分がどう思い、どう感じたのか？　そこに「あなたらしさ」が盛り込まれると、あなたの「話」に価値が生まれ、耳を傾けたくなるのです。

自分の「意見や気付き」を盛り込む

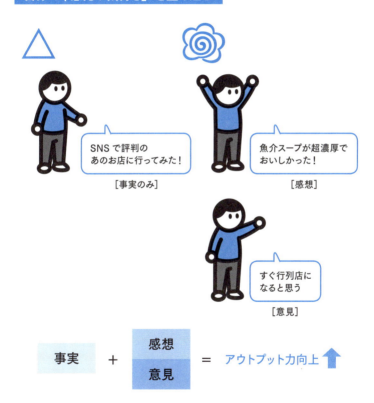

 体験したことを「あなたが」どう感じたのか、飾らずに話そう。

CHAPTER2 TALK

02 話す 2
Talk

ポジティブな言葉を増やすだけで幸せになれる

居酒屋でサラリーマン同士が話すのを聞いていると、ネガティブな会話が多いことに気付きます。ポジティブな言葉は少なく、上司や会社の悪口、愚痴などが圧倒的に多いのです。

ポジティブな言葉とネガティブな言葉のバランスを変えるだけで、仕事も人生も結婚生活もすべてうまくいくことが、ポジティブ心理学の研究で判明しています。

逆をいえば、ネガティブな言葉が多い人は、仕事も人生も結婚生活もすべてうまくいかないということです。

ノースカロライナ大学の研究では、職場で話される会話のポジティブな言葉とネガティブな言葉の割合（ポジティビティ比）を調べたところ、その比率が3対1以上でポジティブな言葉が多いチームは、ビジネスで極めて高い利益を挙げ、チームメンバーの評価も高いものでした。

一方、ポジティビティ比が3対1を下回ったチームは、会社への愛着が低く、離職率が高まりました。さらに、最も業績の高いチームでは、ポジティビティ比が6対1にまで達していました。

「ポジティブ」と「ネガティブ」の比率

- 3対1以上：うまくいっているチーム
- 6対1：すごくうまくいっているチーム
- 5対1：うまくいっている夫婦

参考／『幸福優位7つの法則』（ショーン・エイカー著、徳間書店）

夫婦関係研究の大家、心理学者ジョン・ゴットマン博士の研究によると、ポジティビティ比が5対1を下回ると、夫婦は高い確率で離婚にいたり、ポジティビティ比をもとにした離婚予測の94％が的中しました。

　仕事での成功や、良好な人間関係を維持するためには、ポジティブな言葉がネガティブな言葉の3倍以上必要であるということ。「アウトプットしよう！」といった場合、ネガティブなアウトプットをしない。ポジティブなアウトプットを増やさない限り、成功や幸せにはつながらないのです。

ポジティブな言葉を話すと、人生はうまくいく

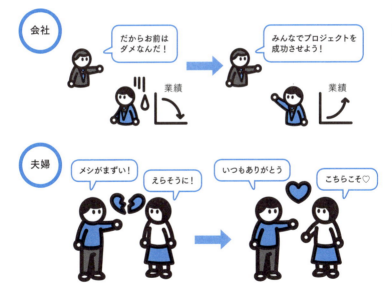

 成功したければ、ポジティブな言葉で自分の周りを満たそう。

CHAPTER2 TALK

03 話す 3
Talk

悪口はネガティブ人生の始まり

　思っていることを言葉に出して「話す」ことはアウトプットになるので、「話す」ことは推奨されることですが、「悪口」をいうのだけはやめたほうがいいでしょう。

　なぜならば、「悪口をいう」ことは、百害あって一利なしだからです。

（1）ストレスホルモンが増える

　悪口をいうのは、「ストレス発散」を目的にしているのかもしれませんが、悪口をいうとストレスは増えることが明らかにされています。

　東フィンランド大学の研究では、平均年齢71歳の1449人にある調査を行いました。一人ひとりに、普段どれくらいゴシップを流したり、人を批判したり、意地悪な態度をとっているのか質問をしました。その結果、悪口や批判が多い人は、そうでない人に比べて、認知症になる危険性が3倍も高いことがわかったのです。

　また、別の研究では、悪口をいうと、ストレスホルモンであるコルチゾールが分泌することがわかりました。長期にコルチゾール高値が続くと、身体免疫力を低下させ、さまざまな病気の原因となります。

　コルチゾールというのは、ストレスがかかったときに出るホルモンです。つまり「悪口をいう」ことは、ストレス発散ではなく、逆にストレスになるということ。また、悪口をいい続けると、認知症などの病気になるリスクが高まるのです。

（2）人間関係が悪化する

　アウトプットは記憶の強化です。居酒屋で「課長が嫌い！」と、課長のアラ探しで盛り上がるのは、「課長が嫌い！」という記憶、感情を強化します。

多くの人は、「悪口は、本人の前で言わないから大丈夫」と思っているかもしれませんが、人間は非言語的なメッセージによって、言葉に出さないことも伝えてしまうので、「課長が嫌い！」という思いは、確実に相手に伝わります。結果として、課長のあなたに対する態度や評価はより厳しくなり、人間関係はさらに悪化します。

(3) 悪いところ探しの名人となる

　悪口をいい合う。それは、人の短所、欠点、悪いところを探してアウトプットする訓練をしているのと同じです。つまり、日常的に悪口をいい合っていると、「悪いところ探しの名人」になります。

　他人の悪いところが目につくようになるだけではなく、自分の短所、欠点、悪いところにも目がいくようになるのです。「悪口をいう」ことは、「ネガティブ思考」のトレーニングなのです。

　ポジティブ思考があなたの人生をプラスに変えていくことはすでにお伝えしましたが、ネガティブ思考はあなたの人生にブレーキをかける。何をやってもうまくいかない人生を、自分でつくり出すことになるのです。

悪口をいうとどうなる？

「ネガティブ思考」が強化され、病気になるリスクも

 悪口は1円にもならない。
いわないに限る。

CHAPTER2 TALK

04 伝える1
Communicate Efficiently

見た目や態度は、口ほどにものをいう

「思っていることを上手に伝えられません」「何を話せばいいのかわかりません」という人は多いと思います。伝え方が下手。そもそも、伝え方がわからない。「伝える」問題、それはコミュニケーションの問題と言い換えていいでしょう。

コミュニケーションについて考える場合、「言語的コミュニケーション」と「非言語的コミュニケーション」の2つに分類すると理解しやすくなります。

「言語的コミュニケーション」とは、言葉の意味内容、言語的情報です。「非言語的コミュニケーション」とは、外見、表情、視線、姿勢、動作、ゼスチャー、服装、身だしなみなどの視覚的情報。そして、声の調子、声の強弱、声質などの聴覚的情報です。

心理学で有名な「メラビアンの法則」があります。メラビアンの法則とは、「矛盾したメッセージが発せられたときの人の受け止め方についての研究」で、言語、視覚、聴覚で矛盾したメッセージが発せられたとき、どれを信用するかという実験です。

視覚情報が55%、聴覚情報が38%、言語情報が7%。私たちは、言葉の意味内容そのものよりも、視覚情報や聴覚情報を重視しているのです。

ちなみに、この実験結果を「人間のコミュニケーションのうち、

2つのコミュニケーション

言語的コミュニケーション	非言語的コミュニケーション
言葉の意味内容、言語的情報	視覚→外見、表情、視線、姿勢、動作、ゼスチャー、服装、身だしなみ 聴覚→声の調子、強弱、大きさ

非言語的コミュニケーションの割合が93%」と解説している本もありますが、それはもとの実験を曲解しています。あくまでも、メラビアンの法則は、「非言語的コミュニケーションの重要性」を示しているにすぎません。

「何を話すか」が言語的コミュニケーション。「どう話すか」が非言語的コミュニケーションです。

たとえば、結婚式でスピーチを頼まれたとき、何を話そうかと必死に悩みます。どんなに素晴らしい話も、ガチガチに緊張してしまってはまったく伝わらないのです。

話の内容よりも、とりあえず笑顔で明るく話すことのほうが何倍も重要なのに、多くの人は「何を話すか」ばかりに気をとられて、「どう話すか」については気が回らなくなっているのです。

人に何かを伝える場合、「言語」だけではなく「非言語」が非常に重要であるということ。今よりも、ちょっとだけ非言語的コミュニケーションを意識するだけで、あなたのコミュニケーション力が大幅にアップすることは、間違いありません。

メラビアンの法則

矛盾したメッセージが発せられたとき、人はどれを信用するか

- 言語情報 7%　話の内容
- 視覚情報 55%　身だしなみ、表情、視線、身のこなし
- 聴覚情報 38%　声の大きさ、声質、話し方

 話す内容に自信がなくても、とりあえず笑顔で、堂々と発言しよう。

CHAPTER2 TALK

05 目を見る
Make Eye Contact

目は「想い」や「感情」を伝える饒舌な器官

　非言語的コミュニケーションを使うと、想いが伝わりやすくなります。しかし、非言語的コミュニケーションというと、何か難しそうな印象があります。

　誰でも簡単にできる非言語的コミュニケーションは、相手の目を見て話す、つまり「アイコンタクト」です。

　アイコンタクトをすることで、お互いの細やかな感情の機微が伝わりやすくなり、コミュニケーションが深まります。恋愛でも仲良くなりやすいし、ビジネスでも親しい関係性をつくりやすい。お互いの人間関係が深まり、あなたの評価も上がります。

　また、アイコンタクトによって、ドーパミンが分泌されます。

　ルーヴァンカトリック大学（ベルギー）の研究によると、アイコンタクトのある人の顔写真とない顔写真を見たときの脳活動を比較しました。

　結果は、アイコンタクトがある場合に脳の報酬系の一部である腹側線条体が強く活性化しました。報酬系というのは、ドーパミン神経のネットワークです。

　ドーパミンは、「うれしい」「楽しい」という幸福物質であり、モチベーションを高め、記憶を増強する効果もあります。

　良好な人間関係をつくるのに、アイコンタクトは非常に役に立ちます。

　具体的なアイコンタクトのコツとしては、
（1）目の間を見る
　相手の目を直視するのは怖い、目を合わせるのが気恥ずかしいという人もいるかもしれません。その場合は、目を直視するのではなく、眉と眉の間、目と目の間、あるいは相手の鼻の周囲を見

るようにすると楽にアイコンタクトができます。相手の目を直視することだけが、アイコンタクトではありません。

アイコンタクトがあると、脳が活性化する

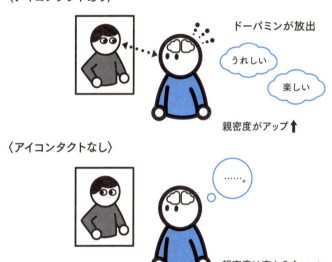

（2）重要なところで1秒、目を合わせる

　イギリスの心理学者アーガイルの研究によると、2人の人物が会話をしている際、会話中に相手を見る時間は会話全体の時間の約30〜60％。うちアイコンタクトがなされるのは、10〜30％。相手に特別な感情がない場合、アイコンタクトは、長くても1回1秒程度で終わるそうです。

目を合わせるタイミングが難しい、タイミングがとれないという人もいると思います。
　最初は話の重要な部分、「ここは伝えたい」という部分だけ、しっかりと1秒、目を合わせるようにするといいでしょう。目で念を押すようなイメージです。

（3）目で「想い」を伝える

　「目は口ほどにものをいう」といいますが、あなたの「想い」や「感情」は目にあらわれますので、アイコンタクトによってあなたの感情を相手に伝えることができます。
　たとえば、あなたが仕事でクライアントと話すときは、「この商品は素晴らしいですよ！」と目で訴えながら話すと、実際その「想い」が伝わります。
　恋人と話すときは、「あなたのことが好きです」と目で訴えながら話すと、より関係が深まります。
　逆に、「関心がない」「話がつまらない」というのも、目にあらわれやすいので注意が必要です。

（4）話を聞くときも目を見る

　相手に話しかけるときはアイコンタクトをするものの、相手の話を聞いているときにアイコンタクトがおろそかになる人がいます。
　話を聞いているときに相手の目を見ると、「私はあなたに関心があります」「話を興味深く聞いています」という非言語的なサインになります。アイコンタクトに「うなずき」の動作を加えると、さらにポジティブなサインを送ることができます。

　アイコンタクトが上手になると、コミュニケーションが深まりやすくなります。最初は難しいかもしれませんが、少しずつ練習していきましょう。

アイコンタクトの4つのコツ

①目の間を見る

相手の眉と眉の間、目と目の間、鼻の周囲を見るようにすると楽

②重要なところで1秒、目を見る

「ここは伝えたい」という部分だけ、しっかり1秒、目を合わせる

③目で「想い」を伝える

想いや感情は目にあらわれる

④話を聞くときも目を見る

「うなずき」の動作を加えるとさらに good

 まずは「1回1秒」のチラ見で OK。相手の目を意識しよう。

CHAPTER2 TALK

06 伝える2
Communicate Efficiently

柔らかく的確に伝える「クッション話法」

　部下に厳しいことを伝える。あるいは、上司にトラブルを報告する。人に「悪いニュース」を伝えるのは、誰にとっても気が進まないものです。

　相手によくない事実を伝える場合、相手にできるだけショックを与えずに伝える方法があります。それが、「クッション話法」です。

【ダメな話法】No But 話法

　クッション話法をお伝えする前に、まずダメな話法をお伝えします。それは、「No But 話法」です。

　「最近、遅刻が多いようだな。せっかく、売上業績が上がっているのに台無しじゃないか」

　最初に「悪いニュース」を伝えて、あとから「ポジティブな内容」

No But 話法

でフォローするという話法です。

「悪いニュース」をストレートに先に伝えると、相手は精神的にショックを受けるので、後半の部分は上の空になってしまいます。あとから、いくらフォローしても、相手にまったく伝わっていない。ネガティブな印象だけを強烈に与えて、相手を落ち込ませる話法です。このパターンでストレートに伝えてしまう上司は多いはずです。

【クッション話法】1　Yes But 話法

「悪いニュース」を直接伝えないで、クッションを入れる。クッション話法の代表例が「Yes But 話法」です。

「最近、売上業績もアップしているし、すごくがんばっているね。ただ、遅刻が多いのは問題だな。時間厳守で頼むよ」

まず、ポジティブな情報を伝える。相手のできている点、長所、メリットなどを伝えて、ポジティブな雰囲気をつくってから「悪いニュース」を伝える。「No But 話法」と伝える順番を逆にするだけですが、相手に対する心理的ダメージは相当緩和されます。

Yes But 話法

【クッション話法】2　Yes And 話法

さらに柔らかく伝えたい場合は、「プラスの情報」に「プラスの情報」を上乗せする「Yes And 話法」というものがあります。

「最近、売上業績もアップしているし、すごくがんばっているね。さらに時間厳守できると最高だな」

叱る、欠点を伝えるのではなく、「してほしい」「できるといいね」と付け加えると、かなりマイルドになります。

【クッション話法】3　Yes How 話法

もっと柔らかく伝えたい場合は、「Yes How 話法」があります。

「最近、売上業績もアップしているし、すごくがんばっているね。どうすればもっとよくなるか一緒に考えてみよう」

「悪いニュース」を直接伝えずに、疑問文形式で、本人に考えさせるパターンです。結果として、「遅刻を減らして、時間厳守

Yes And 話法

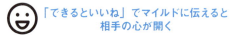

「できるといいね」でマイルドに伝えると
相手の心が開く

したいと思います」という答えを本人に言わせるのです。

人間の行動が変わるためには、「気付き」が必須です。相手に「悪いニュース」や短所、欠点をストレートに伝えると、「そんなに遅刻していませんけど」といった否認の感情が湧き上がり、上司のアドバイスを素直に受け入れることが難しい場合があります。

本人に気付かせることを目的とした「Yes How 話法」は、部下の行動を改善させる効果の高い方法といえます。

ここまで読んで難しいと思ったかもしれませんが、悪いニュースはストレートに伝えない、No But 話法を使わないだけでも、相手の印象はかなり変わってきます。

なんでもかんでもストレートに伝えるのがアウトプットではありません。ときに変化球を交えながら、相手に届くボールを投げることも大切なのです。

Yes How 話法

相手に気付かせると、行動が改善される

> まずは「いい点」を伝えて、
> 相手の心を開こう。

CHAPTER2 TALK

07 挨拶する
Greet People

挨拶は「あなたを認めています」のサイン

　私も経験があるのですが、マンションで挨拶をしても、挨拶が返ってこないことがあります。

　挨拶は、コミュニケーションの入り口です。まず挨拶があって、雑談が始まり、より深い内容の会話ができる。挨拶をすればするほど親密度は高まります。挨拶をすることは、「あなたとの交流を歓迎します」という心理的なサインであり、挨拶をしないことは「あなたとの交流を歓迎しない」というネガティブなサインとして受け止められます。

　心理学で「相手の存在を認める好意」を「ストローク」といいます。そして、肯定的ストロークの代表例が「挨拶」です。
　つまり、挨拶されるだけで、「人から認められた」「承認された」という感覚が得られるのです。心理学者エリック・バーンは、「人間は誰しもストロークを求めて生きている」と述べています。

挨拶は親密度を高める

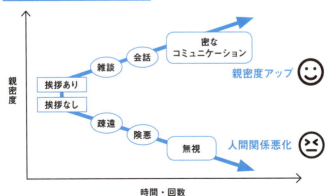

テニスでストロークという言葉が使われるように、ストロークとは「打つ」という意味。挨拶を交わすということは、「ストローク」を交換することで、それを「交流」といいます。つまり、挨拶は心理学的に見ても、「交流」の基本となるのです。

挨拶には、「コミュニケーション、交流の入り口」「挨拶をきっかけに会話がはずむ」「相手を認めることで相手を育てる」「相手からの印象がよくなる」「職場の雰囲気がよくなる」「常識のある人と認識される」など、多くのメリットがあります。

挨拶をするときの注意点は、非言語的コミュニケーションを意識すること。ぶすっとつまらなそうな表情、暗い声質で「おはよう」と言っても、雰囲気は悪くなるだけです。

笑顔で元気よく、アイコンタクトしながら「おはようございます」と言うことで、挨拶の効果は最大化するのです。

挨拶のコツ

非言語を大切に！
・笑顔
・元気よく
・アイコンタクト

 明日いちばん最初に会った人に、自分から笑顔で挨拶してみよう。

CHAPTER2 TALK

08 雑談する
Chat with People

「長く話す」より「ちょくちょく話す」

　職場、友人、恋愛、家族などコミュニケーションにおいて、「雑談」がとても重要であることは、多くの人が知っていると思います。
　しかし、人間関係を深めたいと「雑談しよう」と思っても、「何を話していいかわからない」「気の利いた雑談ができない」という人が多いのではないでしょうか。

　心理学の法則「ザイオンス効果」を知っていると、雑談は内容より、回数のほうが重要だとわかります。
　アメリカの心理学者ザイオンスが行った実験。10人の人物の写真を被検者に見せます。写真ごとに、見せる回数が1回、2回、5回、10回、25回と異なります。写真の提示後に、写真ごとに好意度を評価してもらいました。その結果、多く見せた写真の人物ほど、被検者の好意度が高くなることがわかったのです。
　接触回数が増えるほど、人の好感度は高くなる。これを「ザイオンス効果」（単純接触効果）といいます。

接触回数と好感度の関係

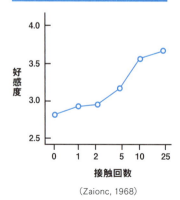

（Zaionc, 1968）

　雑談などのコミュニケーションをする場合、「何を話そう？」とその内容を必死に考えて、結局、話せない、声をかけられなくなる、という人が多いはず。
　しかし、コミュニケーションは、内容よりも回数が重要。「おもしろい話をしなければ」という気負いは捨てて、「とりあえず声をかけよう」「なんでもいいから雑談しよう」というスタンスでいいのです。

忙しいビジネスマンの方は、「月に1回、家族旅行に連れていけば、家族コミュニケーションはOK」と思っている人もいるかもしれませんが、「月に1回の家族旅行」よりも「1日5分の家族の会話」のほうが、はるかにコミュニケーションを深めるのです。

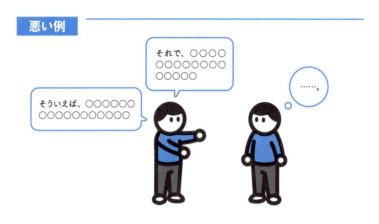

 とりあえず声をかけることが重要。迷ったら、天気の話でOK。

CHAPTER2 TALK

09 質問する 1
Ask Yourself

開始前の質問が、学びの方向性を決める

「質問する」というのは最も簡単で、最も効果的なアウトプット法のひとつです。それも、「他人に質問する」のもいいですが、「自分自身に質問する」だけで、脳は圧倒的に活性化し、必要な情報を集めてくれるのです。

アフリカの首都を記憶させる研究では、事前に5択問題を受けたグループと、従来の暗記形式で勉強したグループにわけます。翌日にどれだけ記憶しているかを再テストしたところ、「事前テスト」のグループは、10〜20％も高い得点をとったのです。

テストや問題を解くことが、勉強や記憶に役立つことは知られていますが、まだ勉強していない事柄を、質問してから勉強するだけで、記憶効率が大幅にアップするのです。

私のセミナーでは、必ず開始前に簡単なアンケートに答えてもらいます。たとえば、「アウトプット力養成講座」のときは、「あなたが、アウトプットに関して、最も悩んでいることは？」「今日のセミナーで、あなたがいちばん学びたいことは？」などと質問をして、参加者全員に記入してもらいました。

これから始まるセミナーで、「自分が何をいちばん学びたいか？」を自分に質問することで、その内容に注意が向くようになる。話の中で関連する内容が出たら、「それは、自分の知りたかった内容だ！」と集中力が高まります。

心理学で「カクテル・パーティー効果」というものがあります。

（Roediger III , 2006）

100人以上が参加するパーティー会場で、場内は会話で賑わって、ザワザワととても騒がしい状態。そんな中、どこかから「カバサワ」という名前が聞こえてきたら、かなり騒がしい中でも「あっ、自分が話題になっている」と、すばやく反応するはずです。

このように、人混みや雑踏の中でも、自分の名前や自分の興味があるキーワードを自然に聞きとることができる現象を「カクテル・パーティー効果」といいます。

脳には、「選択的注意」というものがあります。脳のGoogle検索のようなもので、事前に単語登録しておくと、周囲の膨大な情報の中から、「選択的注意」によって、その言葉を選択的に拾い出すことができるのです。この「選択的注意」を発動させるための事前単語登録が、「質問する」ということです。

「選択的注意」を上手に活用することで、学びの効率をアップさせることができます。たとえば、ビジネス書を買ってきて読む場合には、読み始める前に「自分はその本から何をいちばん学びたいのか?」を自分に質問して、紙に書きましょう。

あなたは、『アウトプット大全』をなんの目的で購入しましたか?「アウトプットに時間がかかるので、効率的にアウトプットする方法を知りたい」「書くことが苦手なので、書く技術を向上させたい」など、いろいろあると思います。

自分に質問し、それを書き留めることで、「選択的注意」が働くようになり、脳は、本の中からその答えを必死に探すようになります。結果として、あなたが学びたいことがしっかりと吸収され、記憶に残りやすくなるのです。

勉強を開始する前に、たった10秒、「何を学びたいか」自分に質問するだけ。それだけで、学びの効率が大幅にアップするのです。

「何を学びたいか」を自分に問いかけ、脳にインストールしよう。

CHAPTER2 TALK

10 質問する 2
Ask Others

場の議論を深める「適切な質問」とは

「何か、質問はありませんか?」

私のセミナーでは、最後に質疑応答の時間をとって参加者からの質問に答えます。質問の手がたくさん挙がると非常にうれしいですし、まったく手が挙がらなければがっかりします。

質問とは「自分の疑問を解決する」、つまり「自分のため」に質問すると考える人がほとんどだと思いますが、「質問される」と人はうれしい。つまり、質問は人を喜ばせるものである。質問は、「相手のため」にもなるのです。

たとえば、会社の会議で「何か質問はありませんか?」と司会が言ったときに、誰も質問をしないと議論が浅いまま次に進んでしまいます。適切な質問をすることによって、議論が活発化し、深まります。結果として、「適切な質問」は、会議の参加者や会社にとって大きなメリットをもたらすのです。

質問は、コミュニケーションの潤滑剤でもあります。「適切な質問」により、お互いの理解が深まり、人間関係が深くなります。

あるいは、「適切な質問」をすることによって、「この人勉強しているな」「積極的に参加しているな」と他者からの評価も上がります。このように、「質問する」ことは、メリットだらけです。ですから、「質問はありませんか」といわれたなら、あなたは率先して手を挙げるべきです。

適切な質問をするコツは、

(1) 質問を考えながら聞く

「質問はありませんか?」と急にふられるので、焦って変な質問をしてしまう。そうならないために、普段から常に質問を考えながら話を聞くクセをつけましょう。会議でもセミナーでも、いつ指されても3つくらい質問できるように準備しておく。質問を

意識すると、より深く話を聞くことができます。

（2）相手に喜ばれる質問をする

「相手が話したそうなこと」「話し足りなかった部分」をイメージして質問することで、相手に喜ばれる、感謝される質問ができます。

（3）参加者に喜ばれる質問をする

話を聞いていると、参加者のほとんどが同じ疑問を持つ場合があります。それを代表して自分が質問する。「それ、自分も知りたいと思っていた」と他の参加者が思えば、質問したあなたに感謝するでしょう。

（4）議論を深める質問をする

質問は「議論を深める質問」か「議論からはずれる質問」かのどちらかです。話の流れに沿っている、話のテーマをより深める方向の質問をすると、議論が深まり、理解も深まるので、相手にも参加者にも感謝されます。

適切な質問をするコツ

話を聞くときは、
敏腕取材記者になったつもりで。

CHAPTER2 TALK

11 依頼する
Make a Request

「ギブ＆テイク」より、「ギブ＆ギブ」の精神

　相手に嫌な思いをさせずに、快く引き受けていただけるような「依頼」「お願い」の仕方を知っておくと非常に楽です。実は、そんな夢のような方法があります。

　心理学の法則で「返報性の法則」というものがあります。人は親切にされた場合、「その親切をお返ししないといけない」という気持ちが湧き上がる心理です。
　たとえば、バレンタインデーにチョコをもらったら、「お返ししないといけない」と思うのも返報性の法則です。デパ地下で試食したら、「買わなきゃ申し訳ない」という気持ちが湧くのも同じです。

　ですから、人に何か頼みごとをするときは、一方的にしてもらうのではなく、まず自分から相手のために何かをする、相手に与える。ギブ（与える）の精神で接することです。
　普段から「親切」を与えていると、相手は「あなたにお返ししたい」という気持ちが湧いてくる。そのタイミングでお願いごとをすると、相手は喜んで引き受けてくれるはずです。

返報性の法則

人は親切にされるとお返ししたくなる

この場合、注意すべきは、「ギブ&テイク」の精神ではなく、「ギブ&ギブ」の精神で接すること。

最初から「見返り」を期待して人に親切にしても、それは見透かされてしまいます。「見返り」を期待するほど、「見返り」は返ってこないのです。

「ギブ&ギブ」の精神で接することで、多くの人があなたが困ったときに助けてくれ、協力してくれるようになるのです。

ギブ&ギブの精神

ギブ&テイク

当然返ってくるよね

打算的だな

ギブ&ギブ

とにかく役に立てるようにがんばろう

そこまでしてくれるんだ！

大きな親切

「あいつの頼みならしょうがないな」
と思われる人になろう。

CHAPTER2 TALK

12 断る 1
Decline

「本当にやりたいこと」を優先するために

　「相手の気分を害したくないので断るのが苦手です」「断るくらいなら、つい受けてしまいます」という人は多いのではないでしょうか。

　日本人は断るのがとても苦手です。きちんと「断る」ということをしないと、あなたの貴重な時間が、「残業」「休日出勤」「行きたくもない飲み会」によって、無限に侵食されていきます。

　「上司からの"残業のお願い"を断ると昇進に響く」と考える人もいるかもしれませんが、あなたの会社では、「上司のお願い」を断らない便利屋のような人が本当に昇進していますか？ 多分、「仕事ができる人」が普通に昇進しているはずです。

　「断らない人」は、自分が本当にやりたいことに対して、エネルギーと時間をふり向けることができなくなっていきます。休息や睡眠、家族と過ごす時間も削られる。

　つまり、「断らない人」は、確実に「不幸な人生」を歩むのです。死ぬほど忙しくて睡眠がとれなくなったり、健康を害したりして初めて「断る」わけですが、それだったら最初から断るべきなのです。

　個人でビジネスをしている人は、「仕事を断ると仕事が減る、次の仕事がこなくなる」と思っている人が多いですが、「仕事を断るほど、仕事は増える」という法則があります。

　「引き受けられないほど仕事が殺到している」ということは、「人気がある」ことの証明だからです。

　人気のレストランに電話し3カ月先まで予約がいっぱいだったら、「そこまで予約いっぱいなら、相当いい店に違いない」とさらに行きたくなる。そんな心理と同じです。ですから、きちんと「断る」ことをしていると、仕事は増えます。

「断る」ことによって、特にデメリットは生じません。断ってみればわかりますが、むしろ、「断る」ことでたくさんのメリットが得られるのです。

「断らない」と起きること	「断る」メリット
・自分の大切な時間が無限に奪われる ・睡眠、休息時間が減り、憔悴していく ・頼めばなんでも受けてくれる、「便利屋」だと思われる ・「やりたくない仕事」の依頼が増える ・ストレスがたまる ・必死に「残業」や「休日出勤」をしても結局、昇進にはつながらない	・自分の大切な時間が増える ・本来すべきことに、エネルギーと時間を集中できる ・意志の強い人だと思われる ・「やりたい仕事」の依頼が増える ・「断るのは申し訳ない」という罪悪感がなくなる ・スッキリする ・ストレスがなくなる ・自己投資に時間が使えて、定時の仕事でしっかりと結果を出せる

断る人

断らない人

 **残業や飲み会は、評価と関係なし。
嫌ならはっきり断ろう。**

CHAPTER2 TALK

13 断る2
Decline

「優先順位」を絶対基準に、即座に判断

上手に断るためにはどうすればいいでしょう。

それは、自分の人生の中での「優先順位」を決めておくことです。「家族」が大切と思う人は、「土日は家族と過ごす時間」というルールを決めます。「どうしても急な仕事が入ったので、日曜日に出勤してくれないかな」といわれたら、「申し訳ありませんが、土日は家族と過ごす時間なので」と断るだけです。

私の場合、毎年12個の「年間目標」を立てています。気が乗らない仕事の依頼がきた場合は、「年間目標に沿っているか?」と自問自答します。それで、年間目標にそぐわない仕事の場合は、0.1秒で断ります。たとえ、高額な講演料の仕事であってもです。

「年間目標に沿わない仕事を受ける」ということは、それだけ「関係のない仕事」に時間を奪われるということ。つまり、年間目標の実現にマイナスの影響しか及ぼさないのです。

また断る場合は、「迷わず断る」ことが重要です。「えー、そうですね……」と迷った素振りを見せると、「なんとか頼むよ」と付け入られてしまいます。迷うということは、「断る明確な理由がない」ということを非言語的に相手に伝えているのと同じです。迷わずにすぐに断ることで、自分の意思の固さ、自分のポリシーの固さが相手に伝わります。

また、ケース・バイ・ケースで判断するのもよくありません。「断る」判断は、優先順位に照らし合わせて、常に同じ基準で断ってください。「今回だけ特別に頼むよ」という言葉には決して乗らないこと。「今回だけ」が永久に続くことになります。

また、ケース・バイ・ケースで判断すると、「Aさんの頼みは聞くのに、なぜ俺の頼みは聞かないんだ」と、トラブルの原因になります。常に同じ基準で公平に断っていく限り、大きなトラブ

ルが起きることはないでしょう。

とはいえ、「断ると角が立つので断りづらい」と思っている人がほとんど。そこで、「断りの公式」を使うと、角が立たずに断ることができます。

断りの公式は、「謝罪（感謝）＋理由＋断り＋代替案」です。

たとえば残業を頼まれた場合、「すみません（謝罪）。選んでいただいて大変ありがとうございます（感謝）。本日、子どもの塾の送迎があるため（理由）、残念ながらお引き受けできません（断り）。明日の午前中でしたら終わらせることができるのですがいかがでしょうか（代替案）」

まず、謝罪（感謝）のクッション言葉をはさみ、理由を先に述べて、「結論」である「断り」はできるだけ最後に述べるといいでしょう。

同じ断るにしても、「断りの公式」を活用すると、誠意のある断り方ができます。

断る技術

1 「優先順位」を決めておく

大切なものの順位は？
「家族＞残業」と決めたらそれに従う

2 迷わずに断る

「迷う」と明確なポリシーがないと思われる

3 ケース・バイ・ケースで判断しない

公平に断るほうがトラブルになりづらい

4 断りの公式

謝罪（感謝）＋理由＋断り＋代替案、の順で誠意を示す

相手の都合よりも、自分のルールを優先しよう。

CHAPTER2 TALK

14 プレゼンする
Present

緊張を味方につけると、パフォーマンスは上昇

「プレゼンテーションが苦手です」という人の多くは、「緊張が苦手」であるはずです。ある調査によると、「緊張が苦手」な人の割合は、全体の88%にも及びました。

つまり、緊張がコントロールできれば、プレゼンはかなり楽になる。プレゼンがもっと上手になることは間違いないでしょう。

「緊張が苦手」な人は、緊張してくると「ああ緊張してきた、どうしよう、ヤバイ。ヤバイ」と緊張をものすごく嫌います。

一方で、トップアスリートやプロスポーツ選手は、よく「緊張を楽しむ」といいます。緊張は敵なのか、それとも味方なのか。その議論は、100年前に決着しています。

生理学者ヤーキーズとドットソン博士の1908年の研究では、マウスに黒と白の目印を区別するように訓練し、マウスが区別を間違えたときには、電気ショックを流して学習を促しました。

結果、電気ショックの刺激が適度なときにマウスは最も速く区別を学習し、逆に電気ショックが弱すぎたり強すぎたりすると、

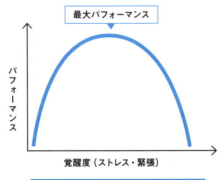

ヤーキーズ・ドットソンの法則

学習能力が低下することがわかったのです。

　罰やストレス、緊張などの不快なものは一定量あったほうが、パフォーマンスは上昇します。そして、ストレスが強すぎても、弱すぎてもパフォーマンスは低下します。

　つまり、ある程度の「緊張」があったほうがパフォーマンスはアップする。緊張は敵ではなく、味方であるということです。なぜならば、適度の緊張状態では、脳内でノルアドレナリンという物質が分泌されます。ノルアドレナリンは、集中力や判断力を高め脳のパフォーマンスを飛躍的に高めてくれるのです。

　緊張してきたら、「パフォーマンスが上がってきた」とつぶやいてみましょう。ほどよい緊張の中で、堂々と高いパフォーマンスでプレゼンできるはずです。

　緊張をコントロールする具体的な方法については、拙著『いい緊張は能力を2倍にする』（文響社）をお読みください。緊張コントロールの百科事典。33の緊張緩和法を紹介しています。

緊張を味方につけよう

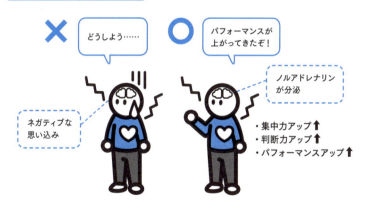

 ほどよい緊張こそが、
高いパフォーマンスの原動力だと心得よう。

CHAPTER2 TALK

15 議論する
Discuss

必要なのは、入念な下準備と少しの勇気

　日本人のほとんどは、議論やディスカッションが苦手です。アメリカ人はディスカッションが得意ですが、それは、小学校の頃から「ディベート」の授業があり、議論する力や自分の意見を述べる力が鍛えられているからです。日本人も議論の練習さえすれば上達します。

　ここでは、議論が上達する方法についてお伝えします。

(1) 議論の練習をする

　生まれつき議論が得意という人はいないわけで、議論が上手かどうかは、「議論の経験がどれだけあるか」で決まります。つまり、議論の練習をすれば、誰でも議論は上達します。

　しかし、「会社の方針」など、自分たちの利害関係が大きい問題を激しく議論すると、感情的なしこりが残る場合があります。

軽いテーマで議論の練習をしよう

まずは、議論の経験数を上げる

テーマ

本、映画、テレビドラマ、グルメ、話題のスポットなど、なんでもOK。

ですから、まずは仕事とはまったく関係ない話題で議論の練習を始めるといいでしょう。

　たとえば、「本」「映画」「テレビドラマ」などを題材に熱い議論を繰り広げるのがおすすめ。アウトプットになるので理解も深まり、楽しく議論の練習ができるはずです。

（2）議論と感情を切り離す

　激しく議論すると「感情的なしこり」が残るかもしれないと書きましたが、本来、それは間違った議論の方法です。

　たとえば、会社の方針について、激しく議論する場合。お互い、「会社のため」という共通の目的を持って議論しているはずですから、議論の結果、憎しみが残るというのはどう見てもおかしいのです。

　「議論」と「感情」は切り離して行うべきであり、それもトレーニングが必要です。激しい議論のあとに、笑顔で互いの健闘を称え合うくらいでないといけない。それも、練習と経験ですが、常に"「議論」と「感情」は別"ということを意識する必要があります。

議論と感情を切り離す

(3) 流れを予想する

　会議に出席して、いきなりそこで新しい議題が提案され、予想もしていない議論が突然始まる……ということはまずないはずです。事前に議題や議案、資料などが配布されている場合が普通でしょう。つまり、「何について議論になるのか」は、事前にわかっている場合がほとんどです。ですから、会議の流れをイメージして、そこで出てくる「論点」や「質問」を予想して、事前に対策を練っておけばいいのです。

　不思議なことに、議論が苦手な人ほど事前の準備をしない。議論が得意な人ほど、資料やデータを用意しています。ということは、「議論が上手」「話し方が上手」かどうかよりも、どれだけ事前に周到に準備するかで結果が決まるのです。

　ですから、議論の流れを予測し、徹底抗戦できる武器、資料やデータを十分に備えておけばいいのです。

(4) 想定問答集をつくる

　おすすめなのは、「想定問答集」「Q&A集」をつくることです。会議で出そうな質問に対して、事前に文章でまとめておく。そうすれば質問が出ても、瞬時に適切な回答ができるはずです。

　では、何問くらいの「想定問答集」をつくるべきか。その場合、参考になるのが「10－30－100の法則」です。私の数百回を超える講演、セミナーの質疑応答、議論から導かれた経験的法則ではありますが、10問で70％、30問で90％、100問で99％をカバーするイメージです。

　ひとつの議題から、出てくる質問は無限にあるわけではありません。自分で質問を書き出してみましょう。10個くらいは書けると思います。それに対して、自分の答えを用意しておけばいいのです。たった10問の質問に対して準備しておくだけで、70％がカバーできます。

　「残りの30％が出たらどうするんだ？」とまだ心配な方は、30問の想定問答集をつくってください。30問の想定問答集であれば、90％以上をカバーするはずです。

「残り10％が心配」という方は、100問つくっておけばいいのですが、通常は30問程度の問答集があれば十分です。

（5）最初に意見をいう

議論の練習をするのは、上達までにかなりの時間を要します。もっと簡単に議論が上達する、即効性のある方法はないのでしょうか？

ものすごく簡単で、絶大な効果がある方法があります。

それは、いちばんに意見をいう。ただ、それだけです。心理学実験によりますと、会議の流れは「最初に発言された意見」に大きく影響され、結果として「最初に発言された意見」に決まることが多いことがわかっています。確かに、「朝まで生テレビ！」を見ていても、最初に意見をいった人が強い、という傾向はありますね。

つまり、最初に自分の意見をズバッと述べるだけで、議論が有利に進められる。非常に効果のある心理テクニックです。

最初の発言は影響力が大きい

 身近な人と、最近読んだ本をテーマに議論の練習をしてみよう。

CHAPTER2 TALK

16 相談する
Consult

気持ちを誰かに話すだけで、心は軽くなる

　日本人は、「相談する」のがものすごく苦手です。とにかく、相談したくない。「相談する」ことを「恥」と考えるのでしょう。

　どんなにつらくても、とにかく我慢する。本当に我慢できなくなって、どうにもならなくなって初めて相談するので、多くの場合、対処不能……手遅れか、非常にこじれた状態になっています。

　精神科医として「あと2カ月早く相談してくれれば、ここまでひどくならなかったのに」という経験を、数え切れないほどしています。患者さんに、「なぜもっと早く相談しなかったのですか？」と質問すると、ほとんど同じ答えが返ってきます。「相談しても問題は解決しないから。現実は何ひとつ変わらないから」

　確かに、ブラック企業に勤めていて、残業も多く、多大なストレスを抱えていたとしたら……その会社を辞めない限りストレスから解放されないように思えます。しかし、心理学的には、その考えは完全に間違いです。

　ある実験では、別々のケージに入れた2匹のマウスに軽い電気ショックを与えますが、片方のマウスが入ったケージにだけ、電気ショックを止めるレバーがついています。そのレバーを踏むと、両方の電気ショックが止まる仕組みになっています。従って、電気ショックを受ける頻度、回数はどちらのマウスもまったく同じです。

　何度か電気ショックを与えると、レバーの付いたケージのマウスは、電気ショックを止める方法を学習します。レバーを踏んで自分で電気ショックを制御できるマウスと、何もできなくて、ただおびえるマウスでは、どちらがストレスの影響を受けるでしょうか？

　結果は、電気ショックの回数はまったく同じであったにもかかわらず、何もできないマウスのほうは、ストレスによって潰瘍が

でき、衰弱が早いなど、より大きなストレスの影響を受けたのです。つまり、同じストレスを受けているのに、「コントロールできる」という感覚を持つだけで、ストレスの影響は消えてなくなるのです。

　人に相談することで、対処法が示される。あるいは、自分で順序立てて話すことで頭の中が整理され、自分で対処法や方向性が見えてくる。つまり、相談によって「コントロールできそうだ」と思えるだけで、不安やストレスの大部分は消えてなくなるのです。これが、「相談」あるいは「心理カウンセリング」は効果があるという心理学的理由です。

　実際に、陰鬱な表情で来院する患者さんも、たった30分話を聞くだけで、現実は何も変わっていないのに、気分はものすごく軽くなり、笑顔で帰宅する人がたくさんいます。

　「相談しても何も変わらない」というのは完全な間違い。「相談する」だけで、不安もストレスも取り除かれるのです。

コントロール感でストレスは消える

電気ショックの頻度、回数はまったく同じ

（Selingman, 1967）

悩んだときは、
手遅れになる前に誰かに相談しよう。

CHAPTER2 TALK

17 つながる
Connect

「強い絆」の15人と濃い関係をつくる

　悩みごとがあれば、早めに人に相談したほうがいい。そんなアドバイスをすると、「そもそも相談する人がいません」という言葉が返ってきます。「相談できる人がいれば、とっくに相談しているよ」と。

　普段ほとんど話をしない人に、いきなり人生を左右する相談をしても聞いてくれるはずがありません。相談相手というのは、普段からつながっていないと、いざというときに突然あらわれるものではないのです。

　では誰とどうやってつながり、絆を深めていくのか？

　社会学の研究によると、人間関係は8つのタイプに分類できるといいます。そのつながりは、多重円のようになっていて、中心に近いほどつながりは「強く」、つながれる人数は少なくなります。

　「親友」「相談相手」「癒し手」までが「強い絆」でつながっていて、その数は多くても10人。「親友」で数人、「相談相手」までで5人以下といいます。

　現代人は、SNSでたくさんの人とつながり、メッセージや「いいね！」をやりとりしているかもしれませんが、15人を超える人と同時に「濃いつながり」をつくることは、心理学的、社会学的に不可能です。

　LINEやFacebookでつながっている人が、あなたが本当に困ったときに相談に乗ってくれますか？　その人たちのほとんどは、「相談相手」にはならないのではないでしょうか。

　私は、「親友」というのは、3人いれば十分だと思います。昔からの親友、職場の親友、趣味仲間の親友。それぞれひとりずついれば、自分が困ったときに相談に乗ってくれます。

　あなたが困ったときに、親身に話を聞いてくれて、助けになってくれるのが親友。何十人とつながっても、困ったときにはなん

の役にも立ちません。ただの「遊び友達」です。

「弱い絆」の人のご機嫌をとるために、あなたの貴重な時間を費やすことは、時間の無駄、人生の無駄。ほとんどの人は、多くの人とつながりすぎなのです。

私は、100人と1回ずつ会うよりは、「強い絆」の10人と10回会うことを意識しています。さらに「親友」といえる「非常に強い絆」の数名と過ごす時間を何よりも優先します。つまり、「弱い絆」の人たちに費やす時間を最低限にとどめて、「強い絆」の数名と濃い関係をつくることを最優先すべきです。

人間関係の8つのタイプ

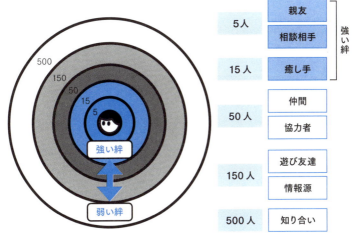

強い絆はどんなに多くても15人まで

参考/『ウェブはグループで進化する』(ポール・アダムス著、日経BP社)

 友達はたくさんいらない。親友が3人いればそれで十分。

CHAPTER2 TALK

18 ほめる 1
Compliment People

「ほめて伸ばす」は理に適っている

　「ほめる」のが苦手です、という人は多いと思います。あるいは「部下をあまりほめすぎても、つけあがるのではないか」と心配する人もいます。しかし、それは、「ほめる」行為が間違っているのではなく、「ほめる方法」が間違っているだけなのです。

　そもそも「ほめる」という行為がアウトプットなのかと思う人もいるでしょうが、「ほめる」はアウトプットであり、同時に「フィードバック」でもあります。「ほめる」のが苦手な人は、「ほめる」ことは「フィードバック」と考えるといいでしょう。
　あなたの部下が何か行動を起こしました。それは、よかったのか、悪かったのか。何か明確な結果が出ていない限り、本人には判断不能です。
　そこで、上司であるあなたは、その行動が正しければ「ほめる」、その行動が不適切であったならば「叱る」というアクションをとるべきです。それによって部下は、自分の行動が「適切」であったか、「不適切」であったかを学習することができるのです。
　「適切」な行動に関しては、次回からもそれを繰り返し行い、精度を高めていく。「不適切」な行動に対しては、その原因を究明し対策を講じて、同じ過ちを犯さないようにする。
　「ほめる」「叱る」によって「気付き」が誘発され、「自己成長」が引き起こされるのです。

　あなたが、ほめたり叱ったりすることは、部下の行動に対するフィードバックになります。結果として、「いい行動」を繰り返し、会社に対しても利益をもたらすでしょう。
　ほめたり叱ったりしないということは、「フィードバック」しないということです。インプット、アウトプット、フィードバックのサイクルが、うまく回らないので部下は成長しません。

よく部下に「自分で考えろ！」という人がいますが、すべてを自分で考えさせるといちいち思考停止に陥ってしまいます。ある程度の示唆、方向性を与える（＝フィードバックする）ほうが、部下の成長スピードは猛烈に加速します。

また、「ほめられる」ことによって、脳内ではドーパミンが分泌します。「楽しい」という感情が湧き上がると同時に、「次もがんばろう！」というモチベーション、意欲が湧き上がるのです。

人を導き成長させるためには、「ほめる」ことは不可欠です。

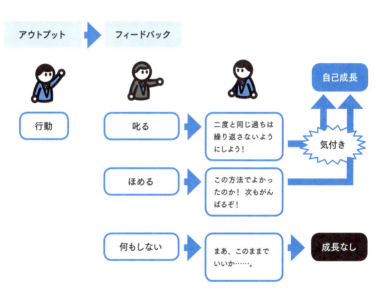

「ほめる」「叱る」はフィードバック

ほめる＝フィードバック。
いい行動は、積極的にほめ称えよう。

CHAPTER2 TALK

19 ほめる2
Compliment People

相手が調子に乗らない、効果的な「ほめ方」

「ほめる」ことの重要性は理解いただけたと思いますが、具体的にほめる段階になると、どうやってほめたらいいのか迷う人も多いでしょう。あるいは、「ほめ方」が間違っていると、部下が勘違いすることもありえる話です。

自己成長を促す「ほめ方」を4つ紹介します。

(1)「強化したい行動」をほめる

ほめられた行動は心理的に強化されて、もう一度それを繰り返そうという気持ちになります。ですから、ほめるべきは「結果」ではなく、「強化すべき行動」なのです。

(2) 具体的にほめる

部下が1億円の契約をとってきた場合。「1億円の契約をとってきてすごいな!」は、結果をほめているのでよくないほめ方。それよりも、「1億円の契約をとれたのは、クライアントさんの希望に叶うように、あきらめずに企画書を出し直したから。その粘り強さはすごいな」と、強化したい「具体的な行動」をできるだけ細かくほめると、本人も「これからもそこをもっとがんばろう!」と思います。

「1億円の契約をとってきてすごいな!」だけでは、何がよかったのか、本人の「気付き」につながりません。これを繰り返すと、「俺ってすごい! 同期の中でナンバーワン」というような増長、思い上がりのみが強まります。

(3) 承認欲求を満たす

有名な「マズローの欲求5段階仮説」があります。その仮説では、人から承認される、認められるという「承認欲求」は、人間の欲求の中でも高次に位置する欲求といわれます。

ですから、本人の「承認欲求」を満たすほめ方は、本人のモチベーションを大きくアップさせるのです。

　たとえば、「今回大口の契約をとってきて、社長も喜んでいたぞ」「今回の契約は、会社にとってすごい貢献だ」のように、他の人や組織への貢献を強調すると、承認欲求は強まります。一方、お金の欲求、物質的な欲求には慣れの効果があります。大金を手に入れてもすぐに慣れてしまい、次はより大金を手に入れないと満足できない状態に陥ります。

　承認欲求には、慣れの効果はありません。つまり、承認欲求を満たす「ほめ方」であれば、10回ほめても、100回ほめても何度でもその効果が得られるのです。

マズローの欲求5段階仮説

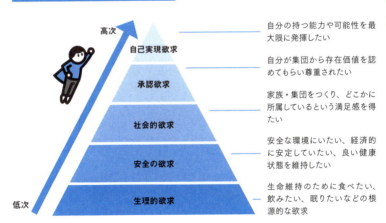

人間の欲求は、より高次なものへと向かっていく

参考／『人間性の心理学』（A.H.マズロー著、産能大出版部）

(4) 文章でほめる

多くの場合、口頭でほめることがほとんどだと思いますが、手紙やメールなど文章でほめると、より効果的です。形で残るものは、あとから何度も見直すことができる。本人がそれを読み直すたびに、「ほめ」の効果が得られます。

ほめて人を育てる「ほめ育」を世界に広げようと活動している「ほめ育財団」代表理事の原邦雄さん。私の友人でもある彼のメソッドは、部下や従業員をほめるときは、「ほめシート」という紙に書いて本人に渡すことを基本としています。言葉だけでほめるより、書いてほめるほうが、何倍も効果があるからです。

「昨日の企画書、とてもよく書けていたぞ。部長も喜んでいたぞ」的な話であれば、対面でいうほどではありませんが、メールで書いて送れば、部下のモチベーションが大きくアップすることは間違いないでしょう。

「ほめる／ほめられる」によって人間関係は深まっていきます。ほめられて不快に思う人はいません。人間は自分を認めてくれる人に好意を持つのです。上手にほめることで、働きやすい、モチベーションの高い職場をつくることができるのです。

ほめると親密度はアップ

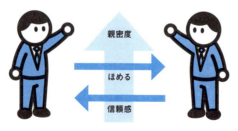

モチベーションが高い職場に

「ほめシート」を使うと、「ほめ」の効果は高まる

ほめシート
ここがGOOD!!

年　月　日

＿＿＿＿＿＿＿＿＿＿ へ　　　　　　　　　　　　　　＿＿＿＿＿＿＿＿＿＿ より

素敵だね　　　　　　　　　　　　　　　　　　　具体的にイメージが伝わるように、50文字以上

（50文字）

すごいね　　　　　　　　　　　　　　　　　　　具体的にイメージが伝わるように、50文字以上

（50文字）

ありがとう　　　　　　　　　　　　　　　　　　具体的にイメージが伝わるように、50文字以上

（50文字）

『やる気と笑顔の繁盛店の「ほめシート」』
（原邦雄著、ディスカヴァー・トゥエンティワン）より引用

よかった「行動」を具体的にほめ、
相手の承認欲求を満たそう。

CHAPTER2　科学に裏付けられた、伝わる話し方

CHAPTER2 TALK

20 叱る 1
Scold

怒るのは自分のため、叱るのは相手のため

　新入社員を対象としたアンケートでは、「正当な理由があれば、上司・先輩に叱られたいと思いますか」という質問に対して、78.5%の新入社員が「叱られたい」と答えました。

　また、「叱られることは、自身の成長において必要だと思いますか」の質問に対しては、87.7%の新入社員が必要と答えました。意外なことに、新入社員は叱られたいし、それによって自己成長したいと思っているのです。

　しかし、ただ感情的に叱ったのでは、部下は成長しないどころか、人間関係もおかしくなります。次の日から出社しなくなるということも、現実に起こっています。では、自己成長を誘発する叱り方はどのようなものなのでしょうか？

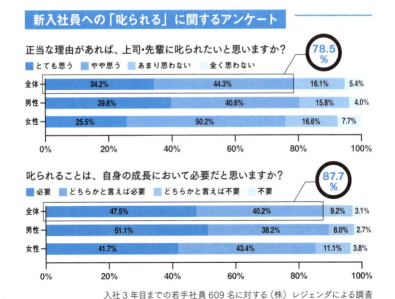

新入社員への「叱られる」に関するアンケート

入社3年目までの若手社員609名に対する（株）レジェンダによる調査

「叱る」とは、「失敗」や「好ましくない結果」に対するフィードバックです。結果として「気付き」を誘発し、「対策」を講じて、「行動」の変化が起こり、「自己成長」が促されるのです。

つまり、部下のため、相手のために叱る。「For You」（あなたのため）の視点で叱るということが最も重要です。

では、「For Me」（自分のために）の視点で叱るとはどういうことでしょうか？ それは、感情をぶちまける。憂さ晴らしのために叱るような叱り方です。これは「叱る」ではなく「怒る」といいます。「怒り」、つまり感情的な暴力によって相手を支配しようとするやり方は、必ず反発を招きます。

具体的にどう叱るのかというと、「修正してほしい具体的な行動を指摘する」ことが重要です。「1億円もの損失を出してどうしてくれるんだ！」はただの怒り。「先方との連絡不足があったんじゃないのか？」と具体的に指摘しないと、「気付き」「学び」にはつながりません。あるいは、「どうして、こんなに損失が拡大したと思う？」と失敗した原因、理由、対策を本人に考えさせるのもいいでしょう。本人が気付かなければ一緒に考えることです。

重要なのは、同じ過ち、失敗を繰り返さないこと。「気付き」と「対策」が得られて、初めてフィードバックがうまくいったと考えられます。

自己成長を促す叱り方

- 怒らない、感情をぶつけない
- 「修正」したい具体的行動を指摘する（「行動の変化」を促す）
- フィードバックする（失敗した原因、今後の対策を一緒に考える）
- 「叱る」「叱られる」～信頼関係を築く

「どうしてくれるんだ！」よりも
「こうしよう」のほうが効果的。

CHAPTER2 科学に裏付けられた、伝わる話し方

CHAPTER2 TALK

21 叱る2
Scold

信頼関係がないと、叱っても逆効果

「自己成長を促す叱り方」についてお伝えしましたが、実は、これを円滑に行うためには、重要な大前提があります。それは、信頼関係です。

いくら正しい叱り方をしても、今日から働き始めたアルバイトや入社1カ月目の新入社員を厳しく叱ると、明日から出社してこなくなる可能性があります。なぜならば、「叱る／叱られる」は、信頼関係がないと成立しないからです。

上司から部下に対して必要なのは、「父親的な愛情」。育てる、成長してほしい。将来を期待し、活躍してほしいから叱るんだという愛情。思いやり。親が子を育てるように、「部下を育てる」「育ってほしい」という想い。

そして、部下から上司に対しては、ある種のリスペクト、敬意。それなりに仕事の経験を多く積んでいる上司に対するプラスのリスペクトの感情がないと、叱られても「何いっているんだよ」「うるさい」「たいして仕事もできないくせに、えらそうに」といった反発が返ってくるでしょう。「自分も上司のように仕事ができるようになりたい」からこそ、「聞く耳」を持つのです。

「叱り」の大前提

叱る → 父親的愛情
叱られる ← 敬意・尊敬
信頼関係

「叱る／叱られる」には信頼関係が必要

このように、父親的愛情と、尊敬・敬意という信頼関係があって、「叱る／叱られる」ことが成立するのです。

「父親的な愛情」「父親的な力強さ」を父性といいます。父性といえば、「強い」か「弱い」かで議論されることが多いですが、**「強すぎる父性」** というのは人間関係的には**マイナス**です。極端な例でいうと、映画『スター・ウォーズ』のダース・ベイダーや、「家庭内暴力をふるう父親」です。力で人を支配しようとするパターンは、どう見ても尊敬されません。

「力強さ」ともうひとつ「人間性、個性」という部分で秀でたものを持ち「尊敬される」「リスペクトされる」という要素があって、リーダーシップを発揮できる。そうした人間関係をつくろうと努力していくところで、バランスのよい上司／部下の関係が生まれてくるのです。

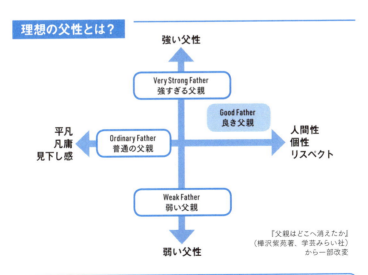

理想の父性とは？

- 強い父性
  - Very Strong Father 強すぎる父親
- Good Father 良き父親
- 平凡／凡庸／見下し感 ← Ordinary Father 普通の父親
- 人間性／個性／リスペクト →
- Weak Father 弱い父親
- 弱い父性

『父親はどこへ消えたか』
（樺沢紫苑著、学芸みらい社）
から一部改変

力で説き伏せようとする前に、リスペクトされるような努力を。

CHAPTER2 科学に裏付けられた、伝わる話し方

CHAPTER2 TALK

22 謝る
Apologize

「謝る」のは「負け」ではない

　何か失敗をしても謝れない。つい、言い訳をしてしまうという人はいませんか？　「男性」で「地位が高い」人ほど、謝れない傾向が強いといいます。

　素直に謝れない理由は、プライドが高く、謝ることは自分の価値を下げると思っているので、自尊心を傷つけたくないからです。しかしながら、謝ることは自分の評価や価値を下げることなのでしょうか。

　ある心理実験では、被検者に実験助手をつけて、ある課題に取り組んでもらいました。助手はわざと失敗し、被検者は実験者から低い評価を受けます。

　そして、助手は4つの行動をとりました。失敗を被検者に謝る／謝らない。実験者の前で謝る／被検者にだけ謝る。「実験者の前で謝る」と、失敗は助手の責任とわかりますから、被検者の評価は下がりませんが、「被検者にだけ謝る」と、失敗は被検者の責任となり評価が下がります。

　最後に、被検者に助手の技能について評価してもらいます。

謝ったほうが評価が上がる

	実験助手の態度	被検者の評価	【結果】被検者の助手への評価
グループ1	謝る	下がらない	高い
グループ2	謝る	下がる	高い
グループ3	謝らない	下がらない	低い
グループ4	謝らない	下がる	低い

参考／『謝罪の研究』(大渕憲一著、東北大学出版会)

結果は、被検者の評価が下がる、下がらないには関係なく、助手が謝ったグループで評価が高くなったのです。

つまり、謝ったほうが評価が上がるということ。多くの人は、「謝る」と自分の評価が下がるような気がして、素直に謝れない原因になっていると思いますが、素直に謝ったほうが得なのです。

また、「謝る」はアウトプットに対する「フィードバック」につながります。「失敗した結果」に対して感情的に受け止め、結果として反省することで、次への対策につながります。

謝らない、つまり「自分は悪くない」「自分に責任はない」と考えている限り、インプット、アウトプット、フィードバックのサイクルは回らず、次に進めない。つまり、「自己成長」しないし、同じ過ちを今後も繰り返してしまうでしょう。

「謝る」ことに抵抗がある人は、「謝る」は「フィードバック」であり、「自己成長の糧」であると考えましょう。また、「謝る」ことによって自分の評価が下がるのではなく、高まるということを知っていれば、素直に「謝る」ことができるのではないでしょうか。

素直に謝れる人は、結果として評価も高まる

申し訳ありませんでした

失敗から学んだようだな
評価アップ ⬆

「頭を下げる」ことへの抵抗感を捨てよう。

23 説明する 1
Explain

「意味記憶」から「エピソード記憶」に変換

　アウトプットが苦手という人は、説明するのが苦手だと思います。逆にいうと、人に説明することは、アウトプット力を鍛える恰好のトレーニングになります。さらに、説明することによって、圧倒的に記憶に残りやすくなります。

　たとえば、三角形の面積の公式は「底辺×高さ÷2」ですが、「なぜ底辺×高さ÷2なのか説明してください」といわれたら、小学生レベルの問題ですが、意外と難しいですよね。

三角形の面積

底辺×高さ÷2＝を説明してみよう

　「まず、三角形を含む長方形を書きます。三角形の頂点から垂直に線を下ろします。そうすると、左側と右側に面積の等しい三角形が2つあらわれました。だから、長方形の面積『底辺×高さ』を2で割ると三角形の面積になるのです」

　このように説明できると、三角形の面積の公式は絶対に忘れないでしょう。

　説明によって、「意味記憶」が「エピソード記憶」に変換されるので、圧倒的に記憶に残りやすくなります。「意味記憶」というのは、英単語「apple＝りんご」の組み合わせのように、関連性の薄い組み合わせのこと。

　「エピソード記憶」というのは過去にあった出来事や体験、つまり物語、ストーリーとしての記憶です。「意味記憶」は覚えづらく忘れやすい、「エピソード記憶」は覚えやすく忘れにくいと

いう特徴があります。

三角形の面積「底辺×高さ÷2」は、単なる記号の組み合わせですから「意味記憶」です。覚えづらく忘れやすい。これが「三角形を含む長方形を書き……」と説明することで、ストーリーすなわち「エピソード記憶」に変換されたので、覚えやすく忘れづらくなったのです。

説明することで、相手の理解も深まり、相手の記憶に定着するだけでなく、説明した自分の記憶にも圧倒的に定着しやすくなる。「説明する」ことは、最高のアウトプットのトレーニングであり、脳のトレーニングにもなるのです。

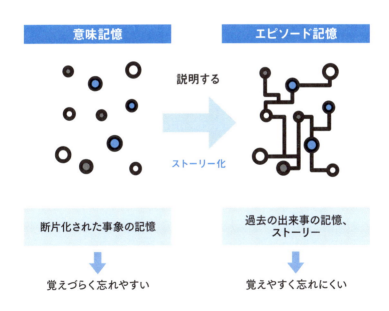

 覚えたい事柄は、自分の言葉で誰かに説明してみよう。

CHAPTER2 TALK

24 説明する 2
Explain

「堂々とした態度」に「裏付け」をプラス

　「説明する」ことは、記憶に残すことであり、脳のトレーニングでもあります。その重要性はわかっていても、何かを「説明してください」といわれると、なかなか上手に説明できる人は少ないと思います。

　この項では、「上手に説明するための7つの方法」をお伝えします。

（1）大きな声ではっきりと話す

　説明が苦手な人は、自分に自信がないので、小さな声でボソボソとしゃべってしまいます。それでは、説明の内容が正しかったとしても、相手にはまったく伝わりません。まず最低限、大きな声ではっきり話すこと、つまり「非言語的コミュニケーション」を意識しましょう。

（2）堂々と自信を持って話す

　説明が苦手な人は、その「自信のなさ」が声や態度にあらわれてしまいます。それでは、どんなに正しい説明をしても、自信のなさが非言語的メッセージとして伝わってしまうので、聞いている側は「本当に正しいの？」と思ってしまいます。ですから、態度や語調だけでも、堂々と話すことを意識しましょう。

（3）最初にポイントを話す

　説明が苦手な人の話は、何をいいたいのかよく理解できません。なぜならば、なかなか結論をいわないからです。ですから、結論や要点をいちばん先にいうことです。

　「その意見に私は賛成します。なぜならば……」のように、「結論」＋「理由」という順に述べるだけで、話が論理的になり理解しやすくなります。

（4）話は短くシンプルに

「たくさん話せば理解してくれる」と思っている人が多いのですが、たくさんしゃべるほど、相手は混乱し、説明はわかりづらくなります。ですから、話は短くシンプルにすべきです。長くなる場合は、一文、一文を短く切って話すといいでしょう。

（5）例を使う

例を出して説明すると、話がわかりやすくなります。より詳しく、より具体的なイメージしやすい例、親近感が湧く身近な例など、使えそうな例を普段から探しておくことも重要です。

（6）権威を使う

権威を使うと、説得力が圧倒的にプラスされます。本書でも、「ハーバード大学の研究によると」と有名な大学名を出して研究を引用しているのはそのためです。引用できそうな研究、事例はすぐには見つからないので、普段から探してストックしておくことも重要です。

（7）数値を使う

「大多数が賛成した」→「89％が賛成した」。「非常に効果的である」→「72％に効果が認められた」のように、具体的な数字を明記すると説得力がアップします。

上手な説明の公式

| 非言語的コミュニケーション
大きな声・堂々と | × | 結論 | + | 理由
例・権威・数値 |

「堂々と」「結論から」話すだけで説得力は格段にアップする。

CHAPTER2 TALK

25 打ち明ける
Be Open

自分の本心を明かすことが、絆につながる

　"自分の本心"や"自分の弱さ"をさらけ出すのが怖い」という人は多いと思います。日本人は「打ち明ける」よりも、「我慢する」「耐え忍ぶ」傾向が強いので、自分の弱さを「打ち明ける」ことをよしと思わない人もいるでしょう。

　しかし、自分の本音を「打ち明ける」ことは、人間関係を深め、コミュニケーションを深めていくためには重要な意味を持ちます。

　なぜならば、「自分の秘密」「自分の弱さ」「自分のマイナスの部分」など、自分の心の中を打ち明ける（自己開示する）ことで、相手との心理的距離が近づくからです。「自己開示するほど、親近感がアップする」ことを「自己開示の法則」といいます。

　心理学者のアルトマンとテイラーは、「自己開示を通してお互いに相手のことを知ることにより、相互の信頼が増し、好意的な関係が形成される」（社会的浸透理論）と提唱しました。

　他の人に話さない内容を自分にだけ打ち明けてくれた……そうした心理的交流が、人間関係を深めるのです。自己開示の幅と深さが大きいほど、好意度はより大きくなります。

自己開示の法則

自己開示するほど親近感がアップする

とはいえ初対面の人に、いきなりディープな自己開示をするべきではありません。合コンで初対面の人に「子どもの頃、虐待を受けていました」といきなり自己開示しても、驚かれるだけです。自己開示は相手の「心の扉」の開き具合に合わせて、少しずつ行っていくべきなのです。

相手の心の扉があまり開いていない状態ではちょっとだけ自己開示をする。知り合ってからの期間も長く、相手の心の扉が開いている場合は、より深い自己開示が可能です。

ですから、初対面の人への自己開示は、ほどほどにしておいたほうがいいでしょう。

自分が自己開示をすると、相手も自己開示をしてくれる。これを「自己開示の返報性」といいます。互いに心の中を開示しながら人間関係を深めていくのです。

「打ち明ける」ことを上手に使うと、非常に深く、絆の強い人間関係を構築することができます。

自己開示の返報性

自己開示を繰り返すとお互いの心の扉が開いていく

 かっこいいところだけでなく、あえて弱い部分も見せていこう。

CHAPTER2 TALK

26 自己紹介する
Introduce Yourself

「30秒」「60秒」の2パターンを用意

　初めて参加する会などで「自己紹介をお願いします」といわれることはよくあると思います。

　自己紹介では、ものすごく流暢に自分の長所をアピールしてしっかりと記憶に残る人と、緊張してドギマギしてしまいほとんど話せない人、つまり自己紹介が「上手な人」と「下手な人」に完全にわかれます。

　自己紹介は、人生で100回以上はするわけですから、下手なら練習しておけばいいのです。

　上手に自己紹介するのは、とても簡単です。自己紹介の原稿を書いて、それをスラスラいえるように練習し、暗記しておく。ただそれだけです。30分もあればできるでしょう。

　自己紹介は、「短いパターン」「長いパターン」と時間によってしゃべる内容が変わります。また、「ひとり30秒で自己紹介をお願いします」と時間指定されることもありますので、自己紹介の原稿は、「30秒」「60秒」の2パターンをつくっておくのがいいでしょう。

　「30秒」は約200文字、「60秒」は約400文字となります。実際に書いてみるとわかりますが、思った以上に情報を盛り込むことができます。

　記憶に残り、共感される自己紹介のポイントを6つお伝えします。

（1）誰にでもわかるように話す

　自己紹介の目的は、「自分が何をしている人か」を記憶してもらうこと。しかし、「何をしている人」なのかがわからない自己紹介が多いのです。

　「株式会社シオンでCRMを担当しています」といわれても、聞

いている人は「なんの会社ですか？」「CRMってなんですか？」と疑問だらけ。初対面の人にするのが自己紹介ですから、専門用語などは使わず「わかるように話す」ことが重要です。

（2）差別化ポイントを盛り込む

自己紹介が終わったあとに、「そういえば、この人、なんの人だっけ？」とまったく覚えてもらえていないとするならば、自己紹介の意味がありません。

つまり、自己紹介の必須条件は、「記憶に残る」ということ。そのためには、自分の中で「尖った部分」「変わった部分」「長所、得意とする点」「他人と差別化できるポイント」などを盛り込むことです。

（3）数字を盛り込む

数字を盛り込むと、差別化しやすく、すごさが伝わりやすくなります。

たとえば、「映画が大好きです」ではなく、「年間映画100本を観る映画ファンです」。「ベストセラー作家の樺沢です」ではなく、「累計50万部のベストセラー作家、樺沢です」といえば、「すごいな！」と印象に残ります。

（4）ビジョンを盛り込む

「ビジョン」「使命」「目標」など、自分が何を実現したいのか。行動や考え方の指針を盛り込むと強い共感が得られ、あとから声をかけられる確率も大きくアップします。

「目立った長所」や「差別化ポイント」がないという人も、自分の「想い」であれば熱く語れるはずです。

（5）非言語的コミュニケーションを意識する

最も重要なポイントは、「何をしゃべるか」ではなく「どうしゃべるか」。

うつむいて、小さい声でボソボソしゃべって名前すらよく聞き

取れない……そんな状態では、どんなに自己紹介の内容が素晴らしくても、聞いている人にはネガティブな印象しか与えません。

先述の通り、初対面の印象の大部分は、非言語的メッセージで決まります。ですから、非言語的メッセージを意識し、前を向いて、笑顔で、大きな声ではっきりとしゃべる。たったそれだけでも、十分に好印象を与えることができます。

(6) 自分らしさを追加する

自己紹介というのは、人から自分がどう見られたいのか。見られたい自分を、短時間でアピールする絶好のチャンスです。ですから、普段から「自分がどう見られたい」のかについて、よく考えておく必要があります。

言い換えれば、「自分らしさ」であり「個性」、そこをワンポイントでアピールできるエピソードを追加すると、魅力的な自己紹介になります。

自己紹介は、コミュニケーションの入り口であり、「出会い」の絶好のチャンスです。上手な自己紹介ができれば、ビジネスのチャンスも恋愛のチャンスも間違いなく広がります。

そのために、自己紹介原稿をしっかりとつくり込み、読む練習をしておくことは、とても重要です。

印象は非言語的に伝わる

「何をしゃべるか」よりも、「どうしゃべるか」

自己紹介の例

記憶に残り、共感される自己紹介のポイントは？

内容	ポイント
精神科医、作家の樺沢紫苑と申します。	何をする人か？
メルマガ、Facebook、YouTubeなど40万人に、インターネット媒体で精神医学や心理学をわかりやすくお伝えしています。	差別化、数値化
本も28冊ほど書いています。	差別化、数値化
医者といえば病気を治すのが仕事ですが、私はみんなと同じことをするのが嫌いなもので	差別化（自分の性格・ポリシー）
「予防」をいちばんに考える精神科医として、情報発信を通して、メンタル疾患や自殺者をひとりでも減らす活動をしています。	ビジョン
よろしくお願いします。	締めの言葉

約200文字＝30秒

CHAPTER2 科学に裏付けられた、伝わる話し方

 とっさのときに慌てないよう、「テッパン」の原稿をつくっておこう。

CHAPTER2 TALK

27 営業する 1
Deliver Value

「売り込む」のではなく「価値を伝える」

　ほとんどの日本人は、「人に物を売る」ということが苦手です。あるいは、マイナス意識を持っています。「お金は卑しいもの」という考えに支配されている人が非常に多いのです。
　営業とはなんでしょうか？　決して「商品を強引に売りつけること」ではありません。

　営業とは、その商品が持つ「本当の価値」「本当の素晴らしさ」「本当の魅力」を正しく伝えることです。結果としてクライアントの購入意欲が上がり、購入に至るのです。正しく営業すると、「売り込む」必要も、「売りつける」必要も、まったくないのです。
　「売る」ことが目的なのではなく、「価値を紹介する」ことが目的だと考えると、「営業はネガティブな職業」というイメージは払拭されるはずです。
　私も営業というか、メルマガやFacebookで本やセミナーの告知をします。たとえば、「新刊『アウトプット大全』が発売されました！」のように。それでは、どのように紹介するのでしょうか。
　営業や告知が下手な人は、「買ってください」を連呼します。クライアントの心理は、「価値があるもの」は買いたい。「価値のないもの」は買いたくない。ただ、それだけです。だから、価値を説明せずに「買ってください」を連呼しても、絶対に売れません。
　商品を売りたければすることはたったひとつ。「価値を伝える」ことなのです。

　たとえば、私は『アウトプット大全』を自分のメルマガで紹介するなら、次のように紹介します。
　たった7項目の紹介文ですが、買いたくなりませんか？「買ってください」とは、一言も書いていません。
　効果的な営業術。それは、「売り込む」ことでも「買って」と

> 『アウトプット大全』は次のような特徴のある本です。
>
> #日本で初めてアウトプットに特化した、アウトプットの決定版。
> #アウトプットについて、異なる80の視点からアウトプットの実践法を解説したアウトプットの百科事典。
> #精神科医の、脳科学、心理学的根拠に基づいた、再現性のあるノウハウ。
> #図解入り。読書が苦手な人も直感的に理解できるわかりやすさ。
> #基本2ページ完結でどこからでも読める。気楽にスキマ時間で読める。何度でも読めるから、効果抜群。
> #読んだその日から実践できるハードルの低さ。読んだその日から効果を実感できる即効性。
> #アウトプットによって、受け身型、消極的な人生が、能動型、積極的な人生に変わる!
>
> あなたも、『アウトプット大全』を読み、アウトプットを実践して、自分の人生を変えてみませんか?

連呼することでもありません。商品の本当の価値を紹介すること。言い換えると、「ベネフィット」を紹介することです。「ベネフィット(benefit)」とは、「利益」です。その商品を購入すると、クライアント(購入者)に、どのようなメリット、利益、得があるのか。その点をしっかりと説明しましょう。

購入者の心理

価値のあるものを買いたい

価値のないものは買いたくない

ベネフィット(利益)、価値が伝わると商品は売れる

 商品特性よりも、「どんな得があるか」を伝えよう。

CHAPTER2 TALK

28 営業する2
Deliver Value

「価値＞価格」が成り立てば商品は売れる

　ベネフィット（利益）、価値を伝えると商品は売れます。「物を売る」のではなく、「価値を伝える」……自分は価値の伝道者だと思うと、営業もかなり楽になると思います。

　とはいえ、営業のコツがわからないという方に、「売れる公式」をお伝えします。

　ビジネスをやっている人ならば絶対に知りたい「売れる公式」。それは、「価値＞価格」です。自分が思っている、あるいは期待している価値よりも価格が安ければ、購入に至ります。高ければ、買いません。

　1万5,000円のお寿司を食べて、「他の店で食べれば2、3万円のレベル」と感じれば再訪するし、「この内容で1万5,000円は高い」と思えば、二度と訪れないのです。

　残念なことに、多くの企業は、「価値＞価格」の公式を成立させるために、「価格」を安くするほうを選びます。牛丼450円では「高い！」と思う人が多いから、380円にしよう。他社はもっと安くしているから、うちも安くしよう。無限に続く値下げ競争に、多くの企業は疲弊しています。

　価格を下げずに商品を売るには、商品の価値を高めること。もちろん、魅力的な商品をつくる、開発するという方法もありますが、今ある商品の魅力、メリット、ベネフィットを十分に伝えることで、今すぐ「売れる公式」を成立させることができます。

　たとえば、私は「樺沢塾　精神科医の仕事術」というインターネット上の学習コミュニティを運営しています。『樺沢の仕事術や勉強法をより深く学べる。月額1,620円で30分の樺沢オリジナルの仕事術動画が月3回配信されます！』

　ここまで読んで、「今すぐ申し込もう！」と思った人は少ない

と思います。

　樺沢塾には重要な特徴が4つあります。
「樺沢塾　精神科医の仕事術」https://lounge.dmm.com/detail/60/

	（1）コンテンツ見放題…樺沢塾では、過去の全動画が見放題です。その数は、全85本50時間を超えています。
	（2）アウトプット型勉強法…ネットの塾は、コンテンツを視聴するだけの受け身型の受講形式が多い中、樺沢塾では、動画を見たらアウトプットする仕組みがあります。つまり、参加型、能動型の受講によって、圧倒的に記憶に残りやすく、身につくのです。
	（3）双方向コミュニケーション…定期的に開催されるFacebookライブ「樺沢塾質問祭り」では、塾生のすべての質問にお答えしています。単なる一方的、片道コミュニケーションではなく、質問もできる「双方向コミュニケーション」を実現しています。
	（4）リアルで会える…月2回開催される「動画撮影会」では、直接、リアルで樺沢と会うことができます。また、直接質問することもできます。また、撮影会後は懇親会もあります。

　「コンテンツ見放題」「アウトプット型」「双方向」「リアル」。「樺沢塾」ではこれらのすべてを「ビジネス書1冊分の価格」1,620円で提供しています。

　4つの樺沢塾の特徴を具体的に説明することで、樺沢塾に値段以上の価値を感じられるようになったはずです。

　このように「価値＞価格」を意識すると、売り込まずに商品の魅力をアピールすることができるのです。

 自分が売るべき商品の魅力を、改めて洗い出してみよう。

CHAPTER2　科学に裏付けられた、伝わる話し方

CHAPTER2 TALK

29 感謝する
Appreciate

すべてがうまくいく魔法の言葉「ありがとう」

「感謝は大切です」といわれますが、気恥ずかしくて素直に「ありがとう」と言えない人が多いと思います。そもそも「感謝する」と本当にいい効果が得られるのでしょうか？

イリノイ大学の研究では、感謝やポジティブ感情が多く、幸福感を持っている人は、そうでない人に比べて9.4年長生きすることが明らかになっています。

その他、多くの研究で、感謝やポジティブな感情が多いと心臓血管系が安定し、免疫力も高まり長生きする……つまり、「感謝は健康にいい」ことが明らかにされています。

脳科学的には、感謝することで、ドーパミン、セロトニン、オキシトシン、エンドルフィンなど、脳と体にいい作用を与える4つの脳内物質が分泌されます。

たったひとつの行動で、4つの脳内物質すべてが分泌されることは、他にはありません。感謝は最高の脳トレーニングともいえます。

また、セロトニンとオキシトシンは癒やし、リラックスをもたらし、オキシトシンとエンドルフィンは免疫力を高めますので、これらの物質が分泌されると「健康にいい」といえるのです。

さらに興味深いのは、エンドルフィンは、感謝したときと感謝されたときの両方で分泌されるといいます。人に感謝したときにいい効果が得られるのはわかりますが、人から感謝されたときも、心と体でプラスの変化が起きているのです。

「感謝する」ことは、何か気恥ずかしいというか、ちょっと抵抗感があるかもしれません。しかし、感謝されてマイナスの感情を抱く人はいません。むしろ、人間関係、コミュニケーションを深める言葉です。

脳科学的にも絶大な効果があることがわかっています。ですか

ら勇気をもって、積極的に「ありがとう」と言ってみましょう。「ありがとう」はすべてがうまくいく魔法の言葉です。

まずは、奥さんや旦那さんへの言葉を「愚痴」から「感謝」に変えるだけで、夫婦仲も変わってきます。勇気を出して「いつもありがとう」と言ってみませんか。

感謝によって分泌する脳内物質

ドーパミン	幸福物質	幸福感、モチベーションUP、学習機能UP、集中力UP、記憶力UP
セロトニン	癒やしの物質	安らぎ、落ち着き、緊張緩和、共感
オキシトシン	リラックスの物質	安らぎ、愛情、親切、信頼感、免疫力UP
エンドルフィン	脳内麻薬、究極の幸福物質	幸福感、多幸感、リラックス、集中力UP、免疫力UP

感謝の7つのメリット

1. 感謝すると人間関係がうまくいく
2. 感謝するだけで幸福度が25％アップ
3. 感謝する人は9.4年長生きする
4. 感謝する人は病気になりにくい
5. 感謝すると免疫力がアップする
6. 感謝する人は病気の回復が早い
7. 感謝するだけで痛みが軽減する

参考／『頑張らなければ、病気は治る』(樺沢紫苑著、あさ出版)

気恥ずかしさは捨て、
まずは自分から「ありがとう」と伝えよう。

CHAPTER2 TALK

30 電話する
Call People

いざというときに、最強の力を発揮するツール

「電話」と聞くと、アナログ仕事とイメージする人は多いと思います。そして、メールやメッセージが非常に普及したおかげで、電話をかける頻度は非常に減っています。

しかし、メールやメッセージよりも「電話」のほうがいい場合も間違いなくあるのです。デジタル時代だから、リアルとデジタルをつなぐ「電話」を上手に活用することが大切です。

（1）電話は、最強の確認ツール

電話のメリットは、早くて確実だということ。メールやメッセージはいつ読まれるかわかりませんし、メッセージで「開封」「既読」になっても、本当に内容を理解しているかどうかまではわかりません。

ですから、「緊急で重要な要件」「今すぐ判断や結果を知りたい要件」の場合は、電話が向いています。以前、「急ぎの用件で、ずっとメール返信を待っていたのに、なぜすぐ返信をくれないのですか」と言われたことがありますが、そこまで急いでいるのなら、ただメール返信を待ち続けるのではなく、「電話」で確認すべきです。

電話は、相手の意思や考えを、今すぐ確実に「確認」することができます。ですから、緊急性のある重要な要件の「確認」は電話が最強です。

（2）相手の仕事を邪魔しない気遣いが必要

電話の最大のデメリットは、相手の仕事に割って入るということ。電話をしたら先方は会議中や重要な商談中かもしれない。「そんなくだらない要件で忙しいときに電話するな！」と怒鳴られることもあるでしょう。

また、集中力がいったん途切れると、元の集中力に戻るまでに

5分以上かかります。ですから、「電話」=「相手の仕事の妨害」の危険性もあります。ちなみに、私は午前中の執筆中は、電話がかかってきても出ません。集中力が途切れてしまうからです。

そうならないために、緊急性の低い用件に関しては、相手が「メールやメッセージを送った直後」「SNSを投稿した直後」に電話するのがいいでしょう。休憩時間か、少なくとも忙しく仕事をしていないことがわかります。

あるいは、ランチ時間など、相手のタイムスケジュールを意識して、「忙しく仕事をしていない時間」を意識する気遣いがあると先方もうれしいはずです。

(3) 非言語的メッセージが伝わる

電話のメール、メッセージと比べた大きなアドバンテージは、声のトーンなどで、あなたの「感情」を非言語的に伝えられることです。メールで「ありがとうございました」と書くのと、電話で直接いうのとでは、電話のほうが、非言語的な要素が上乗せされるので、圧倒的に伝わりやすくなります。

具体的な例を挙げると、「お礼」はメッセージで簡単に済ます

「電話」「メール、メッセージ」の違いは？

電話	メール、メッセージ
早い	いつ読まれるかわからない
確実	不確実。読んだかどうかわからない
相手の仕事に割って入る	スキマ時間にチェックできる
感情的なニュアンスが伝わりやすい	詳細な部分を正確に伝えられる
記録が残らない。「いった」「いわない」のトラブルにつながる	記録が残る

よりも、電話で丁重に述べたほうが、あなたの気持ちがよく伝わります。また、「お願いごと」も、メールでは一蹴されても、電話で直接お願いすると受けていただける確率が数倍アップします。

「感情」を伝えたい場合は、メールやメッセージよりも電話です。

(4) ニュアンスが伝わる

メールで何往復もやりとりをしても行き違う微妙な問題が、電話だと30秒で解決するということがあります。電話は、微妙なニュアンスが伝わるからです。

ですから、何でもかんでも、メールやメッセージで連絡すればいいというわけではありません。

長文のメールを1通書くのに、何分もかかります。「込み入った話」「複雑な話」など、直接電話で話したほうがわかりやすい場合は、電話で話したほうが時間節約できるのです。

(5) 証拠が残らない

電話の大きなデメリットのひとつは、記録が残らないということです。電話では「はい」と言ったのに、あとで「そんなことはいっていない」と行き違いが発生するトラブルもありえます。

あるいは、電話で「1,200万円で契約」と言ったはずが、先方が騒がしい場所で電話をとっていたら「1,000万円」と聞き違えてしまう可能性もあります。

電話には、相手に合わせた配慮が必要

ですから、電話で重要なやりとりをした場合は、その後確認のメールを送り、記録と内容を残しておくことも重要です。

（6）相手が電話好きかどうかを考える

　電話で連絡するか、メールやメッセージで連絡をするか。迷った場合は、「相手がいつもどちらで連絡をとってくるか」、相手が「電話」と「メールやメッセージ」のどちらが好きかを考えましょう。

　電話好きの人には、緊急度が低い要件でも、「さっさと電話で知らせてほしい」という人もいます。年長の方は電話に慣れていて、電話が好きな人が多いかもしれません。

　ちなみに私は電話が大の苦手なので、「緊急の要件」以外では電話をかけないでください。

　電話を上手に活用する6つの方法。これらを意識すれば、先方にどちらで連絡すればいいのかは、おのずとわかるはずです。

ケース・バイ・ケースで判断しよう

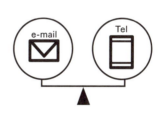

「通常の連絡はすべてメール」
「お願いごとは電話」などと
自分の中で基準をつくっておく

 仕事相手を「電話派」と「メール派」に分類してみよう。

THE POWER OF
OUTPUT

CHAPTER3
能力を最大限に
引き出す書き方
WRITE

CHAPTER3 WRITE

31 書く
Write

書けば書くほど、脳が活性化する

　アウトプットの基本は、「話す」「書く」です。「話す」ことに比べて「書く」ことのほうが、圧倒的に記憶に残り自己成長を促します。学校の勉強でもよく「書いて覚えよう」と言われたはずです。

　では、なぜ「書く」ことは、そんなにいいのでしょうか？

　それは、「書く」ことで、脳幹網様体賦活系（RAS、Reticular Activating System）が刺激されるからです。RASとは、脳幹から大脳全体に向かう神経の束。神経のネットワークです。

　ドーパミン、セロトニン、ノルアドレナリンの神経系も、脳幹の中脳にあるRASから脳全体に投射されています。

　わかりやすくいえば、東海道新幹線、東北新幹線、上越新幹線

RASは脳の検索エンジン

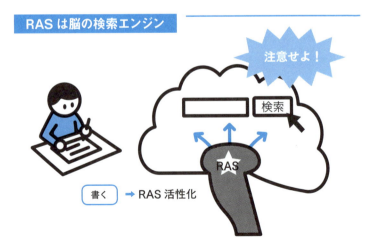

の始発駅である「東京駅」のようなところ。そのくらい重要なのが RAS です。RAS は別名「注意の司令塔」とも呼ばれます。

　RAS が刺激されると、大脳皮質全体に「目覚めよ！　注意せよ！　細かいところまで見逃すな！」という信号が送られます。脳は、その対象物に対して集中力を高め、積極的に情報を収集し始めるのです。それは、検索エンジン「Google」にキーワードを入力するようなものです。
　RAS を刺激する最も簡単な方法が「書く」ということ。注意がそこに集まり、脳が活性化する。結果として、記憶力や学習能力が高まるというわけです。
　あるいは RAS は「注意のフィルター」として機能します。重要でない情報はスルーし、重要な情報を処理するために脳の力を振り向けるのです。「カクテル・パーティー効果」(60 ページ)の「選択的注意」も、RAS によってコントロールされます。
　「書く」だけで、「その瞬間に積極的に注意を向けるべきもの」をつくり出すことができます。「重要だ！」「記憶に残したい！」「もっと知りたい！」と思えば、書けばいいのです。

　ちなみに、私は学生時代、試験の直前は、3 日に 1 本、ボールペンがなくなるほど書きまくっていました。とにかく、書いて記憶していたということです。
　書いて、書いて、書きまくる。書くほどに RAS が活性化し、脳全体が活性化していく。これが、「書く」アウトプットの脳科学的な効果です。

CHAPTER3　能力を最大限に引き出す書き方

書くだけで、脳の持つポテンシャルは最大限に引き出せる。

CHAPTER3 WRITE

32 手で書く
Write by Hand

タイピングよりも圧倒的な手書きの効果

「書く」ことで、記憶に残る。「書く」ことで、高い学習効果が得られる。

しかし最近では、大学の授業内容を、紙のノートではなく、ノートパソコンやタブレットに入力している人も増えています。このような「タイピング」でも「手で書く」のと同じ効果が得られるのでしょうか？

プリンストン大学とカリフォルニア大学ロサンゼルス校の共同研究では、大学生を対象に、講義を「手書きでノートをとる学生」と「ノートパソコンでノートをとる学生」にわけて比較しました。

結果は、手書きの学生のほうがよい成績を上げ、より長い時間にわたって記憶が定着し、新しいアイデアを思いつきやすい傾向にあることが明らかになりました。

また、スタヴァンゲル大学（ノルウェー）とマルセイユ大学（フランス）の共同研究では、被検者を「手書き」群と「タイピング」群にわけ、20文字のアルファベットの文字列を暗記してもらい、3週間後、6週間後に、その文字列をどれだけ記憶しているかテストしました。

結果は、タイピングよりも手書きのほうが記憶に残りやすいことが示されました。

また、手書き中とタイピング中の脳の働きをMRI（磁気共鳴画像）でスキャンしたところ、手書き中のみ、ブローカ野という言語処理にかかわる部位が活性化していることも明らかになりました。

このように「手書き」と「タイピング」では、手書きで紙に書いたほうが、より記憶に残りやすく、勉強効果が高いことが明らかになっています。

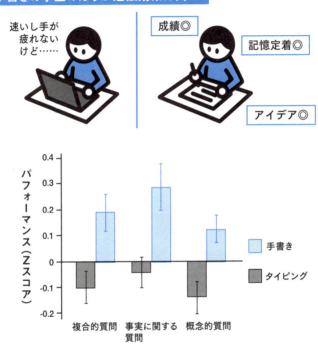

Zスコア：母平均からの標準偏差の差

学生に4コマの授業を受けてもらい、ノートパソコンで「タイピング」または鉛筆と紙のノートに「手書き」でノートをとってもらう。翌週、10分間ノートで復習した後に40問の試験を行った。

プリンストン大学、カリフォルニア大学ロサンゼルス校の研究

 効率よく学びたいなら、ノートは手書きで。

33 書き込む
Make Notes

びっしり書き込まれた本は、学びの軌跡

あなたは読書をするとき、本にアンダーラインを引いたり、気付きを余白に書き込んだりする「書き込み派」ですか？ それとも、書き込みせずに「きれいに読む派」ですか？

私が行った100人に対する調査では、「書き込み」派は7割、「きれいに読む」派は3割という結果が出ています。

私は「書き込み」派です。本を読みながら気付いたことをなんでも書き込んでいきます。マーカーを片手に、重要な部分にアンダーラインを引いていくのです。

読書するときには、絶対に書き込みをしながら読むことをおすすめします。なぜならば、書き込むことで、本の内容の理解が圧倒的に深まり、記憶にも残りやすくなるからです。

「読む」というのはインプットです。ただ「読む」だけでは、記憶に残りづらく、数カ月するとほとんど忘れてしまいます。その「読む」という行為を、一瞬でアウトプットに変える方法があります。それが、「書き込み」をしながら読む、ということなのです。

書き込みしながら読むことで、読書が「アウトプット」に変わる

これだけで「攻めの読書」になり、読んだ内容を忘れなくなる！

アンダーラインを引く。字を書く。いずれも手を動かし運動神経を使う「運動」ですから、アウトプットです。そして、文字を書くことで、脳幹網様体賦活系（RAS）が活性化されて、「注意せよ！」というサインが脳全体に送られます。

つまり、脳が活性化するのです。アンダーラインを引いたキーワードに対して脳が「検索」を始めるので、受け身型の読書が、能動的な読書、攻めの読書に変わります。

アンダーラインや書き込みをしてほしいのは、あなたの「気付き」の部分です。

「ああそうか」「これは初めて知った」「この情報はすごい！」と思った瞬間に脳の神経回路がつなぎ変わりますから、それを忘れないうちに書き留めるのです。

ときどき、本の3分の1くらいにラインを引きながら読んでいる人がいますが、それはラインの引きすぎというもの。ラインがあまりに多すぎると、どこが本当に重要なのかがわからなくなってしまいます。

1冊の本で、本当に重要だと思えるところを3カ所見つけ、そこにしっかりとラインを引く。1冊の本から「3つの気付き」が得られれば、それは大切な「宝物」を獲得したのも同じ。「1,500円のビジネス書の元がとれた」といえるでしょう。

1冊の本から、3つの気付きを得る

 読書のときは、
ペンとマーカーを必ず用意しよう。

CHAPTER3 WRITE

34 書き出す1
Write Out

頭の中にある情報を、写真のように残す作業

どんなに素晴らしいインプットをしても、アウトプットしない限り、時間とともに忘れていきます。たとえば、映画を観たとき、最も情報が多いのは映画を見終わった瞬間です。3時間もすると、細かいセリフなどは忘れてしまい、一晩経つと細かい描写も曖昧になっていきます。

インプットをした場合、その体験をアウトプットするのはいつがベストでしょうか。最適なのは、脳が最も多くの情報を保持している「インプットの直後」です。

この写真は、私のノートです。デヴィッド・リンチ監督のデビュー作『イレイザーヘッド』をリバイバル上映で観たときに、見終わった直後にカフェに飛び込み、30分ほどで頭の中にある情報を一気に書き出したのがこのノートです。

細かいセリフや描写、自分の感情、考え、アイデア、解釈、印象深いシーン、映像など、思いついたことをすべて書き出しています（A4ノート、見開き2ページ）。

映画『イレイザーヘッド』鑑賞直後に30分で一気に書き上げたノート

私は映画評論家もしていますが、論理的な映画評を書くためには、映画を観た直後のアウトプット———「脳の棚卸し」ともいうべき、脳の中味をすべて「書き出す」という作業が不可欠です。それをしていないと、2〜3日も経つと細かい部分が曖昧になっていますので、鋭い映画評を書くことが困難になるのです。

　あなたもエキサイティングな体験をすることがあるでしょう。演劇やミュージカルを観て心が動かされる。「これはすごい！」という本を読む。感動的な映画を観る。海外旅行で、人生が変わるような体験をする。

　どんなに貴重で素晴らしい体験をしたとしても、それはただのインプットなので、時間とともにどんどん失われて、劣化して、曖昧になっていきます。それは、とても「もったいない」ことです。

　しかし、この「書き出す」という作業をすることで、その瞬間の感動と「脳内」の状況をパチリと1枚の写真に収めるように記録に残すことができます。

　その記録は一生モノで、それを見返すだけで、感動や気付きを先程の体験のように生々しく、ありありと思い出すことができるのです。

脳の棚卸し

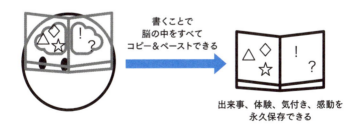

 **素晴らしい体験は、
「目」より「紙」に焼き付けよう。**

CHAPTER3 WRITE

35 落書きする
Scribble

「記憶力を高める」という驚きの効果

　学生時代、ノートの片隅に落書きをしている人がいましたね。彼らは授業に集中できていないように見えます。正直、落書きのイメージはよくありません。「落書きは集中力を下げる」と思っている人が多いと思います。

　落書きについての興味深い研究があります。プリマス大学（イギリス）で、40人の参加者に人と場所の名前を聞かせ、あとでそれを書き出してもらうという実験を行いました。

　実験の際、参加者の半数には紙に落書きをしながら聞いてもらいました。結果、「落書きをした」参加者は、「しなかった」参加者より29%も多くの名前を思い出すことができたのです。

　なんと、落書きは記憶力を高めるという、驚きの結果となりました。落書きをすると集中力が損なわれるように思いますが、実際は逆なのです。

　その理由として、落書きは感情を刺激するので、記憶に残りやすいと考えられています。

　記憶の法則のひとつに、「喜怒哀楽が刺激されると記憶が増強される」というものがあります。「とても楽しい出来事」「とても悲しい出来事」は、10年前のことでもよく覚えているはずです。落書きで、かわいらしいイラストを描いたり、ハートマークを描いたりすると、それだけで感情が刺激され、記憶が強化されるというわけです。

　イスラエル工科大学の設計技術の学習に関する研究によると、落書きが「思考する頭と、鉛筆を持つ手、さらに紙に書かれた落書きを見ている目の間の相互のやりとり」を活発にさせ、落書きが設計図の完成に役立つことを報告しています。

　『落書き革命』の著者スンニ・ブラウンは、「落書きは思考の手

段であり、私たちの情報処理方法や問題解決方法に影響を与える。ヘンリー・フォードからスティーブ・ジョブズまで偉大な考えを残した人たちは創造的な活動を始めるために落書きを活用していた」といいます。

また『人間失格』で有名な文豪、太宰治の学生時代のノートが発見され話題を呼びました。そのノートには、いたるところに落書きが描かれていたからです。その多くは自画像でした。

落書きは決して悪いものではない。記憶力や創造力を高めるものです。

落書きをしたほうが、記憶が強化される

喜怒哀楽が刺激されると、
記憶が増強される

ヘンリー・フォード、
スティーブ・ジョブズ、太宰治……
落書きをしながら、
創造的な活動をしていた

顔やマークでもOK

 **会議が行き詰まったら、
イラストでもなんでも、好きに描いてみよう。**

CHAPTER3
WRITE

36 書き出す2
Make a List

脳は、同時に3つのことしか処理できない

　頭の中にある情報をすべて「書き出す」ことを、私は「脳の棚卸し」と呼びます。自分の脳を100％のパフォーマンスで効率的に使うためには、この「脳の棚卸し」が必須です。

　人間の脳は、同時にいくつのことを処理できると思いますか？ 諸説あるものの「3」前後といわれています。

　たとえば、1日で7つの予定をこなすとなると、頭はパニックを起こします。この「パニック」という現象は、脳の作業スペースが容量オーバーした状態です。

　つまり、脳の中には3つのトレイがあって、そこに「書類」（情報）が入ってきて、それを処理してはまた次の「書類」（情報）を処理していく、というイメージです。

　空のトレイがあるほど、脳は余裕を持って仕事ができ、効率よ

脳の作業領域が容量オーバーしないよう、すぐにアウトプットを

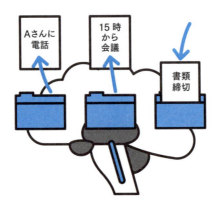

書き出すことで脳のトレイを空にできる

く仕事がこなせます。空のトレイがなくなると、脳は余裕がなくなるので、作業効率が著しく低下してしまいます。そうならないための「脳の棚卸し」なのです。

「Aさんに電話しないと」「15時から会議」「今日が、書類提出の締切」など、仕事中に私たちの頭の中には、いろいろな「考え」「アイデア」「ひらめき」が浮かびますが、それらはすべてメモなどに「書き出す」こと。そして、脳のトレイを空にするべきなのです。
いうなれば、「脳のトレイに書類（情報）が入ってくる」のがインプットであり、「脳のトレイを空にする」ことがアウトプットです。
ですから、「脳のトレイを空にする」ことをどんどん進めることが、インプットとアウトプットのサイクルを回すことにつながります。
「脳の棚卸し」によって「空きトレイ」をつくることで、あなたの仕事のスピードはどんどん加速していきます。

脳は広々と使おう

仕事がはかどるのはどっち？

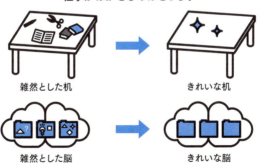

雑然とした机 → きれいな机

雑然とした脳 → きれいな脳

 脳の棚卸しをして、やるべきことは3つに絞ろう。

CHAPTER3 WRITE

37 上手な文章を書く
Write Good Sentences

「たくさん読んで、書く」以外の道はなし

　アメリカのベストセラー作家、スティーヴン・キングは、自らの小説作法についてまとめた『書くことについて』(小学館)の中で、次のように述べています。

「作家になりたいのなら絶対にしなければいけないことが2つある。たくさん読み、たくさん書くことだ。私の知る限り、その代わりになるものはないし、近道もない」

　作家になる方法は、「たくさん読んで、たくさん書く」しかないということですが、これはそのまま「上手な文章を書く方法」といえます。

　私は、28冊の本を出版して作家として活動していますが、15年前は「樺沢は文章が下手」と、よくネットにも書かれました。しかし、最近では非常に「わかりやすい文章」が書けるようになってきたと思います。そのためにしていることは、「たくさん読んで、たくさん書く」ことです。

　本を読むのは「インプット」です。文章を書くのは「アウトプット」です。「たくさん読んで、たくさん書く」というのは、「インプットとアウトプットのサイクルをどんどん回しなさい！」というのと、まったく同じ意味です。

　そこで重要なのは、「フィードバック」です。毎日、たくさんの文章を書いても、フィードバックが得られなければ、上達はしません。インプットとアウトプットの堂々巡り、同じレベルの文章を書き続けるだけです。

　文章のフィードバックとは、誰かに文章を読んでもらい、アドバイス、批判、修正点、改善点、長所、短所など、感想をもらうことです。

　いちばん簡単なフィードバックは、SNSやブログに文章を書くことです。「いいね！」数、アクセス数、そしてコメントはす

べてフィードバックにつながります。

ネットに文章を書くことは、「批判にさらされる」ことなので躊躇する人も多いのですが、誰にも読まれず、誰からも批判されない文章を百万字書いても、文章が上達することはありません。「読まれる」という緊張感が、集中力を高め、よりよい文章を書こうとすることが最高の刺激となります。

そして、文章力を鍛える稽古をする前に、文章術の本を1冊読みましょう。文章の基本について知らずにたくさん文章を書いても、完全に「我流」になってしまいます。

おすすめの文章術の本としては、ビジネスマン向けの文章力アップの本なら『伝わる文章が「速く」「思い通り」に書ける87の法則』(山口拓朗著、明日香出版社)。ウェブやSNSに書く文章であれば、拙著『ソーシャルメディア文章術』(サンマーク出版)をおすすめします。

インプット(読む)とアウトプット(書く)のサイクルを回そう

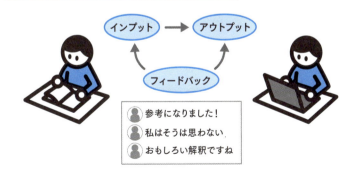

本の感想をSNSにアップしよう。
印象深かった本だけでOK。

38 速く文章を書く
Write Quickly

「設計図」しだいで、文章が3倍速で書ける

　文章についての悩みでいちばん多いのは「文章が下手です」というもの。二番目に多いのは、「文章を書くのに時間がかかります」という悩みです。

　たとえば、ブログを始めたはいいものの、「1記事書くのに2時間かかります。時間がかかりすぎて続けられません」という方が多いのです。

　文章を速く書く方法、そのコツはたった2つです。

　1つ目は、「時間を決めて書く」ことです。「時間をかけて文章を書けば、よい文章が書ける」と思っている人がほとんどですが、それは完全に間違っています。ある記事を1時間かけて書くのと、2時間かけて書くのとでは、クオリティが20%はアップするかもしれませんが、2倍にはならないのです。

　私も本の執筆をする場合、「締切なし」で書くとダラダラしてしまい、「いい文章」は書けません。締切を決めて一気に集中して書くことで、文章を書くスピードと文章のクオリティの両方がアップします。

　ブログを書くのであれば、「1記事30分で書く」。仕事で報告書を書く場合は、「報告書は1時間で書く」と決めることです。

　最初は難しいかもしれませんが、「制限時間を決めて文章を書く」習慣をつけると、脳がそのようにトレーニングされるので、質の高い文章が、短時間で書けるようになっていくのです。

　文章を速く書くための2つ目のコツは、「構成を決めてから書く」ということです。文章を書く場合、「考えながら書く」人がほとんどです。一文書いてから、「次は何を書こうかな」といちいち考える。入力している時間よりも、考えている時間がほとんどなのです。

文章を書き始める前に、どんな文章を書こうか、構成を決めてから書き始めれば、頭の中でイメージが固まっていますから、最初の1文字を書き始めた瞬間から、怒涛の勢いで一心不乱に文章を書き進めることができます。構成を決めて書くようにすると、私の実感値として、文章を書くのが3〜4倍以上速くなります。

　「構成を決めないで文章を書く」ことは、「設計図を書かずに家を建てる」のと同じこと。文章を書く前には、必ず構成を決めてから書き始めましょう。

文章を速く書くコツ

① 時間を決めて書く　　　② 構成を考えてから書く

文章構成の基本パターン

これらのパターンに当てはめて1行ずつ書くだけでも、立派な構成ができる

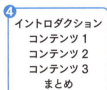

構成を考えることに力を割けば、文章はおのずと紡がれていく。

CHAPTER3
WRITE

39 速く入力する
Type Fast

仕事でパソコンを使うなら必須のスキル

　今の時代は、ほとんどの人はパソコンを使って文章を書くはずです。原稿用紙に鉛筆で文章を書く人は、まずいないでしょう。つまり、「速く文章を書く」ためには、キーボードで「速く入力する」ことが必須となります。

　そこで、私が速く入力するために最も重視している4つの方法についてお伝えします。

（1）いつも同じ入力環境

　会社では会社のパソコン、移動中はタブレットパソコン、家ではノートパソコンを使う、といったように、複数の入力デバイスや入力環境を利用している人は多いと思います。キーボードやマウスが異なると微妙なタッチが変わりますから、間違いなく入力

複数のデバイス＝
異なる入力環境だと効率ダウン

1台だけ使うほうが
入力速度はアップ

速度は低下します。

　私は、1台のノートパソコンだけを使っています。私は、パソコンのハードユーザーでありますが、家にはデスクトップパソコンはありません。いつも同じキーボード、同じマウス、同じマウスパッドを使って入力します。それが、最も速く入力する方法だからです。

（2）Google 日本語入力を使う

　Windows ユーザーの多くは、デフォルトでインストールされている MS-IME という日本語辞書を使っています。しかし、この MS-IME は、変換が遅く学習機能が弱く、ものすごく不便です。これを、「Google 日本語入力」に切り替えるだけで、私の実感値で入力速度は2〜3倍速くなります。

　Google 日本語入力のメリットは3つ。最初の1、2文字を入力しただけで候補が表示される「補完機能」。定期的に辞書が「最新の語彙」にアップデートされるので、流行語や話題の人名も一発変換。使えば使うほど賢くなる強烈な「学習機能」。これらの最強の日本語辞書機能が無料で利用できるので、使わない手はないと思います。

　以下のＵＲＬからダウンロードすれば、1分後には利用可能です。Windows 版だけではなく、Mac 版もあります。
「Google 日本語入力」　https://www.google.co.jp/ime/

Google 日本語入力の補完機能

あ
明日
アウトプット　　　[全]カタカナ
アウトプット大全
Tabキーで選択

「あ」の一文字を入力しただけで、最近使用した「あ」から始まる言葉が変換候補として表示される。

（3）単語登録を徹底する

　あなたは、自分の住所をすべて入力するのに何秒かかりますか？　私は、郵便番号から始まり、全住所、部屋番号までの26

文字を「1秒」で入力することができます。「まいじ＋変換」と入力するだけです。「まいじ」（マイ住所の略）で、「単語登録」をしているからです。

　日本語辞書の単語登録を使いこなしている人は、意外と少ないと思います。他の人のうしろからパソコン入力しているのを見る機会がありますが、自分のメルアドや自分の住所を一字一句、入力している人が多くて驚かされます。

　たとえば、「こんよろ」→「今後ともよろしくお願いします。」と単語登録しておくと、たった4文字の入力で、15文字を入力することができます。1日3回以上使う言葉は、すべて単語登録しておくべきです。ちなみに私の辞書には、1000以上の単語が登録されています。

1日3回以上使う言葉は単語登録する（単語登録の一例）

せかば	精神科医　樺沢紫苑
まいめ（マイメールアドレス）	zionxx@kabasawa.jp
かばしん	株式会社樺沢心理学研究所
あう	アウトプット
ふぇ	Facebook
ぐぐ	Google
のな	脳内物質
わめ	ワーキングメモリ
ごく	ご苦労様です。
いつあり	いつもありがとうございます。
こんよろ	今後ともよろしくお願いします。
よわ	『読んだら忘れない読書術』
かじ	『神・時間術』

（樺沢が実際に使っているもの）

(4) ショートカットキーを活用する

　ショートカットキーとは、Ctrlキー（コントロールキー）やAltキー（オルトキー）を他のキーと組み合わせて押すことで機

能を作動させるキーです。慣れるとマウス操作よりはるかに早い時間で入力できるようになりますので、入力時間の短縮には必須のテクニックです。

パソコン経験の長い人には常識ではありますが、パソコン初心者には意外と知らない人もいるようです。

他にも「ブラインドタッチ」「カナ入力」「親指シフト」などを習得すると、入力速度は大幅にアップしますが、習熟するまでに手間と時間が必要です。

最近では、Googleドキュメントなど「音声入力」の精度もかなり高まっています。話すのが得意な人は「音声入力」を活用すると、入力スピードが何倍にも速まります。

今の時代、仕事でパソコンを使わない人は、ほとんどいないと思います。ざっくりいえば、パソコンの入力速度が2倍早くなれば、仕事の速度が2倍速くなるといっても過言ではありません。

「速く入力する」ことは、ビジネスマンにとって必須のスキル。上記の方法を組み合わせて工夫してみるといいでしょう。

代表的なショートカットキー

	Windows	Mac
コピー	Ctrl + C	Command + C
切り取る	Ctrl + X	Command + X
ペースト	Ctrl + V	Command + V
1つ前に戻る	Ctrl + Z	Command + Z
1つ進む	Ctrl + Y	Shift + Command + Z

まずはこの5つを使いこなすだけで、効率は格段に上がる

便利な機能を使い倒して、
入力速度＝仕事のスピードを上げよう。

CHAPTER3 WRITE

40 TO DOリストを書く
Write a Todo list

朝イチでやる、1日で最重要な仕事

　私が、朝机に向かい仕事を始めようというときに最初にすることがあります。それは、「TO DO リストを書く」ということです。
　朝起きてからの2〜3時間は「脳のゴールデンタイム」ともいわれ、1日の中でも最も集中力の高い時間帯です。そんな貴重な時間を使って、私が始業の最初に、「TO DO リストを書く」のは、1日の中で「最も重要な仕事」と位置づけているためです。

　なぜ私は毎日、「TO DO リストを書く」のか。それは、TO DO リストにはすごいメリットがあるからです。

【TO DO リストのすごいメリット】
1　1日の仕事の流れが確認できる
　TO DO リストは、今日1日ですべき仕事、業務、タスクが列挙されたリストです。つまりそれを書き出すことで、今日1日の仕事の流れが頭の中でイメージできます。それは「成功イメージ」のイメージトレーニングといってもいい。
　TO DO リストは、「1日の仕事の設計図」です。設計図を書かないで、家を建てる人はいません。しかし、設計図を書かずに、仕事をする人はたくさんいます。それでは、「行き当たりばったり」になったり、重要な用件を忘れたり、結局、締切に間に合わなくて残業するはめになる。
　3分で TO DO リストを書きながら、今日1日の仕事の流れを確認し、効率のよい仕事の割り振りを設計する。それをするか、しないかで仕事の効率は何割も変わります。

2　集中力が途切れない
　TO DO リストを書かない人は、ひとつの仕事が終わった瞬間に、「次はなんの仕事をしよう？」と考えます。この瞬間に、い

い感じで高まっていた集中力は、ゼロにリセットされます。途切れた集中力が回復するには、何分もかかるといわれていますので、仕事が終わるたびに、時間をロスしていることになります。

400メートルリレーで、走者交代のたびにバトンを落とすチームと、バトンを落とさずに走り切るチームでは、どちらがいいタイムを出せますか？　どちらが速いかはいうまでもありませんが、なぜか仕事の場合は、「次はなんの仕事をしよう？」といちいちバトンを落とす人が多いのです。

TO DOリストさえあれば、それを1秒見るだけで次の仕事は何かがわかりますから、高い集中力、トップスピードのまま、次の仕事にバトンがわたるのです。

3　うっかりミスがゼロになる

仕事が立て込んでいると、会議の予定や書類提出の締切をうっかり忘れていた、といったミスが発生しやすくなります。TO DOリストには、その日の重要な仕事、予定がすべて書き込まれていますので、それを見ながら仕事を進めていく限り、そうした「うっかりミス」を限りなくゼロに近づけることができます。

自分の記憶を信用するとミスの原因になります。「記憶」よりも「TO DOリスト」を参照しながら仕事を進めていくことで、仕事のミスを減らすことが可能です。

4　ワーキングメモリの容量が増える／仕事が効率化する

人間の脳が一度に処理できる情報量（ワーキングメモリ）は限られています。同時に処理できるのは、せいぜい3つまで。いくつかの予定や考えが頭の中を占拠してしまうと、脳はほとんど機能停止状態に陥るのです。

本人は気付いていないかもしれませんが、頭の中が「あれもこれも」の状態になっていると、仕事効率は著しく低下します。「しなければいけないこと」「予定」「懸案事項」など、すべてTO DOリストとして書き出すことにより、脳のワーキングメモリを有効利用できるようになり、目前のひとつの仕事にすべての集中

力を向けることによって、仕事効率が大きくアップします。

　最近のビジネス書で、「TO DO リストには効果がない」という批判もありますが、そういう人は間違いなく TO DO リストの使い方が間違っているのです。
　たとえば、スマホの TO DO リストを使ったりしていませんか？ TO DO リストの効果を最大化するには、以下の「3 原則」を守ることが必須です。

【TO DO リストの3原則】1　紙に書く／紙に印刷する

　TO DO リストで絶対にやってはいけないのは、スマホのアプリを使って TO DO リストを書くことです。スマホというのは、誘惑の塊です。仕事が一段落するごとにスマホの画面を見る。メッセージを見たり、ニュースを読んだり、TO DO リスト・アプリ以外のことに脱線してしまう危険性が高いのです。
　TO DO リストは紙に書くか、ワードなどデジタルで書いて紙に印刷するべきです。

【TO DO リストの3原則】2　常に机の上に置いておく

　紙に印刷した TO DO リストは、自分が作業している机の上に常に置いておく。次の仕事に移行するときは、一瞬で見られるようにしておくことが重要です。
　「集中力が途切れない」ことが TO DO リストの大きなメリットですが、一瞬で見られるようにしておかないと、集中力が途切れてしまいますので、TO DO リストを使う意味がないのです。

【TO DO リストの3原則】3　達成したら豪快に斜線で消す

　リストの1項目を完了したら、斜線を引いて豪快に消すことです。それによって、「終わった！」という達成感を味わうことができる。モチベーションの源となるドーパミンが分泌されて、「次もまたがんばろう！」と意欲が高まります。

私が使用しているTO DOリストを公開します。ワード版、PDF版もダウンロードできますので、こちらからダウンロードして使ってください。
http://kabasawa.biz/b/output.html

TO DO リスト　　　月　　日

AM 1		
AM 2		
AM 3		
PM 1		
PM 2		
PM 3		
毎日1		
毎日2		
毎日3		
スキマ1		
スキマ2		
スキマ3		
遊び1		
遊び2		
遊び3		
その他1		
その他2		
その他3		

TO DO リストの使い方

1）午前中にするべき仕事を3つ書く。
2）午後にするべき仕事を3つ書く。
3）毎日の仕事、ルーティーン的な仕事を3つ書く。
4）スキマ時間にするべき仕事を3つ書く。
5）プライベートの予定。遊び、趣味などの予定を3つ書く。
6）書ききれないもの（重要度が低いもの）は、「その他」の欄に書く。

CHAPTER3　能力を最大限に引き出す書き方

 脳のワーキングメモリを有効活用して、集中力を切らさない。

CHAPTER3 WRITE

41 気付きをメモする
Make a Note

アイデアを逃したくなければ、勝負は30秒

「すごくいいアイデアを思いついた！」、でも3分後にはそのアイデアをすっかり忘れてしまった……という体験はありませんか？

ひらめき、アイデア、気付きなど、脳の一瞬の輝きは、神経細胞の発火、いわば「花火」のようなものなので、一瞬で失われてしまいます。

人は何かに気付いた際、脳の神経回路がつなぎ変わるといわれます。そのような瞬間、体験は「アハ！体験」と呼ばれ、脳科学の分野で注目されています。「アハ」とは、英語の「a-ha」（あっ、そうか）が語源。「あっ、そうか！」と気付く体験のことです。

脳科学者の茂木健一郎氏によると、"アハ！体験"が起きると、0.1秒ほどの短い時間に、脳の神経細胞が一斉に活動して、世界の見え方が変わってしまう。神経細胞がつなぎ変わって、"一発学習"が完了し、今までと違った自分になってしまう」といいます。「あっ、そうか！」と思った瞬間に、神経の回路、配線がつなぎ変わる。脳内に新しい線路ができる。新しい道路ができる——つまり、数秒前の自分とは異なる自分に自己成長している、ということです。

脳内の「新しい道路」は、最初は「獣道」のようなもので、放っておくと元の道のない状態に戻ってしまいます。その時間は、30

「アハ！体験」と自己成長

Before

アハ！
あ、そっか！

神経回路のつなぎ変わり

After

新しい回路ができた

自己成長

秒とか1分です。

夢を見て、目が覚めた瞬間には夢をありありと覚えていたのに、1分もするとおぼろげになり、10分もするとすっかり忘れてしまうのもこれと同じです。

ですから、「アハ！体験」をして「気付き」を得たとしたら、瞬間的にメモをする必要があります。できれば30秒以内、遅くても1分以内にメモをとりましょう。

アウトプットする、つまり「書く」ということは、情報を「使う」ということ。情報を何度も使うことによって、「獣道」がどんどん太くなって、農道になって、最後は舗装されて国道になる。そんなイメージです。

脳内の道路網（神経回路）を舗装、拡大していくことが、あなたの「自己成長」そのものです。その最初の一歩が「気付き」。ですから「気付き」を得たら、30秒以内にメモをとることが必須です。

「気付き」を得たら30秒以内にメモをとろう

 「気付き」がいつ舞い降りてもいいように、メモの準備を。

CHAPTER3 WRITE

42 ひらめく 1
Come Up with an Idea

リラックスこそが創造を生み出す

　アイデアがひらめかない。いい発想が生まれない……「アイデア出し」や「企画書」の締切が迫っているのに、ひらめきがないときほどつらいものはありません。

　ひらめきを得る方法を知っていると、あなたの人生は変わるかもしれません。なんと、最近の脳科学は、ひらめきを得る方法を明らかにしています。

　『NHKスペシャル「人体」"脳"すごいぞ！　ひらめきと記憶の正体』（2018年2月4日放送）は非常におもしろい内容でした。「ひらめき」とは、どのような状態なのか？　それを調べるために、芥川賞作家でもあるお笑い芸人・又吉直樹さんをモデルに、MRI（画像診断装置）で脳の活動状態を調べました。

　その結果、又吉さんが「ひらめいた」と思ったときの脳の状態は、「ぼーっとしている」ときの脳の状態とほぼ同じだったのです。しかし、「ぼーっとしている」といっても、脳は活動を停止しているわけではなく、脳の広い領域で一斉に活動している様子が記

「ひらめく」ときの脳は？

録されたのです。

「創造性の4B」というものがあります。アイデアが生まれやすい場所は、Bathroom（入浴中、トイレ）、Bus（バス、移動中）、Bed（寝ているとき、寝る前、起きたとき）、Bar（お酒を飲んでちょっとリラックスしているとき）の4つです。

入浴中に「アルキメデスの原理」が発見されたり、猿が手をつなぐ夢をもとに「ベンゼン環」の構造が発見されたりと、歴史的な発見も「創造性の4B」と関係しています。「創造性の4B」の共通点は、「リラックスしている」「ぼーっとしている」ということであり、先のMRIの実験結果にも一致するのです。

「ひらめく」ためには、がむしゃらに脳を働かせるイメージがありますが、実はリラックスした時間、ぼーっとした時間を持つことが、意外にも重要であるということです。

創造性の4B

アイデアが生まれやすい場

参考／『スウェーデン式アイデア・ブック』（フレドリック・ヘレーン著、ダイヤモンド社）

 ひらめきがほしければ、
考えるのをやめて、ぼーっとしてみよう。

43 ぼーっとする
Relax

「ぼんやり」が脳の働きを活性化

「今日一日、何もしないでぼーっとして過ごしてしまった」という投稿を、SNSのタイムラインにときどき見かけます。現代人にとって、「ぼーっと過ごす」のは、「時間の無駄」と考える人が多いようです。

「ぼーっとする」こととアウトプットは無関係だと思うかもしれませんが、実は、「ぼーっとする」時間は良質なアウトプットのために必須の時間といえるのです。

最近の脳科学研究で、「ぼーっとする」ことの重要性が証明されています。特になんの作業もしていない「ぼーっとした状態」「ぼんやりした状態」のとき、脳内では「デフォルトモード・ネットワーク」が活発に稼働しているのです。

デフォルトモード・ネットワークは、いうなれば「脳のスタンバイ状態」です。このスタンバイ状態において、これからの自分の身に起こり得ることをシミュレーションしたり、自分の過去の経験や記憶を整理・統合したり、今の自分がおかれている状況を分析したりと、いろいろなイメージや記憶を想起させながら、脳内で「自分のこれからをよりよいものにしていくための準備」を整えているのです。

ワシントン大学の研究によると、デフォルトモード・ネットワークを稼働させてぼんやりしているときの脳内では、通常の脳の活動時の15倍ものエネルギーが消費されていることが明らかにされました。つまり、脳は活動しているときよりも、実は「ぼーっとしている状態」のほうが重要なのです。

前項で、「ぼーっとする」状態がひらめきやすいといいました。その理由は、ぼーっとしている状態は、デフォルトモード・ネットワークが活性化しているからなのです。

デフォルトモード・ネットワークが稼働する時間が少ないと、前頭前野の物事を深く考える機能が低下します。結果として、注意力、集中力、思考力、判断力、記憶力、ひらめきなどの想像力などがすべて低下し、脳の老化も進みやすくなります。

「ぼーっとしている時間」がもったいないと、暇な時間にスマホ、ゲーム、テレビに時間を使う人が多いですが、脳を絶えず使い続けることは、デフォルトモード・ネットワークを妨害し、脳を疲れさせ、脳の働きを退化させる原因になるのです。

たまには、何もしないでぼーっとする時間を持ちたいものです。

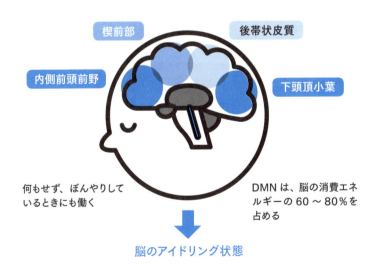

デフォルトモード・ネットワーク（DMN）

- 楔前部
- 後帯状皮質
- 内側前頭前野
- 下頭頂小葉

何もせず、ぼんやりしているときにも働く

DMNは、脳の消費エネルギーの60〜80％を占める

↓

脳のアイドリング状態

 空いた時間をスマホで埋めるのはやめて、"何も考えない"をしよう。

44 ひらめく2
Come Up with an Idea

最高のひらめきに必要な4つのプロセス

　風呂に入って3時間ぼーっとしていると、最高のアイデアがひらめくでしょうか。おそらくひらめかないでしょう。「ひらめき」には4つの段階があり、そのステップを踏むことで、最高のアイデアがひらめくのです。

　政治学者ウィリアム・ウォーラスが提唱する「問題解決の4つのプロセス」が、そのまま「ひらめきを得る」プロセスとして活用できます。

　まず第1段階は「準備」。たくさん本や資料を読む。ノートやカードに何かを書き出してみる。ブレインストーミングする。チームで議論や討論をする。今、直面している問題や課題と徹底的に格闘することが必要です。

　そして、第2段階は「孵化（インキュベーション）」。徹底的に問題と格闘したら、その問題をしばらく放置します。休息する、ぼーっとするということですね。それは、数時間かもしれないし、数日かそれ以上かもしれませんが、そのうちある瞬間に、突然「ひらめき」が生じるのです。

　親鳥が卵を温めてヒヨコが生まれるのが「孵化」です。しばらく放置して、アイデアを温め続けることで、「ひらめき」が生まれるのです。

　この孵化の段階で重要なのが、前の項でも紹介した「創造性の4B」です。徹底的に問題と格闘したあとに、リラックスした時間を持つ。この休息期間は何もしていないようですが、実際は脳の中でデフォルトモード・ネットワークが活発に活動し、無意識のうちに情報の再編、情報の関連付けが行われます。結果として、第3段階「ひらめき」が生まれるのです。

　最後に、「ひらめき」が本当に正しいのか、理論的、実践的に「検証」します。

ひらめきを得るためには、孵化の期間（放置する時間、リラックスした時間）が必要。机に向かって何時間も必死に考え続けていては、デフォルトモード・ネットワークが抑制されてしまうので、真のひらめきは生まれないのです。

問題解決の4つのプロセス

1　準備
　問題と格闘する
　インプット

2　孵化（インキュベーション）
　問題を脇においておく

3　ひらめき
　アハ！体験

4　検証
　ひらめきが正しいか
　検証する
　アウトプット

参考／『脳が認める勉強法』（ベネディクト・キャリー著、ダイヤモンド社）

 問題と徹底的に向き合ったあとは、くるべきときをぼーっと待とう。

CHAPTER3 WRITE

45 カードに書く
Fill Out a Card

アイデア出しに欠かせない、100均カード

　私が本の構成を考えるときに、なかなかいいアイデアが出ない、あるいはアイデアがまとまらないということがあります。
　そういったときに活躍するのが「カード」です。カードに思っていることを次々と書き出していくと、予想もしないアイデアがどんどん出てきます。
　「カード」は、ひらめきやアイデアを得るのに必須のツール。私の場合、カードなしで本を書くことは不可能です。

　私が使っているのは、100円ショップで売っている125×75mmの「情報カード」というもの。「無地」「5mm方眼」「6mm罫付」「4色6mm罫付」と4種類ありますが、自分が使いやすいものを選べばいいでしょう。100枚入りで100円です。
　私はいつでもアイデア出しできるように、「無地」「5mm方眼」の2種類を10パック以上、机のすぐ横に常備しています。1回のアイデア出しで100枚を使うイメージなので、激しく消費します。
　カードのサイズは、名刺サイズのものもありますが、それだと書き込める情報が少なすぎるので、やや大きめのサイズがおすすめです。

100円ショップの125×75mmの「情報カード」

【カードによるアイデア出しの方法】
(1) とにかく書き出す

たとえば、「『アウトプット大全』という本を出したいので、その内容を充実させたい」と思う場合は、「アウトプット」という言葉で思いつくことを、1カードに1個ずつ書き込んでいきます。とりあえず、30個くらい書き出します。

(2) 連鎖させる

今度は、書いた1枚を取り出して、その内容から連想されることを書きます。

たとえば、「アイデアを出す」というカードを見ながら「創造性の4B」「NHKスペシャルの又吉さんのデータ」「スマホは創造性を下げる」といったことを1枚ずつ書き出していきます。

これを何度も繰り返していきます。ひとつのキーワードに対して、芋づる式に自分の知識や経験、過去に読んだ本や論文の内容など、思いつくことをなんでもいいので、とにかくたくさん書くことです。この段階では、「質」より「量」です。

(3) 100枚書く

カードにひとつのキーワードを書くことによって、そのキーワードを客観視できるので、次の「アイデア／考え／キーワード」が2つ、3つ書けるのです。これを何度も何度も、考えが出なくなり、頭が空っぽになるまで繰り返していきます。通常、100枚ほど書くと、「出し尽くした」と感じます。50枚では少ないので、100枚を目指しましょう。

100個の「アイデア／考え／キーワード」を書き出すことができれば、それは1冊の本を書くのに十分な素材であるといえます。セミナーや講演を行ったり、企画書を書いたりする場合も、100枚のアイデア出しをしておけば、非常に質の高い内容に練り上げていくことができます。

(4) カテゴリーごとに分類する

100枚のカードを書いたら、今度はカテゴリー別に配置していきます。カテゴリー名は、カード1枚を使って書いておきます。似た内容ごとに、カードを分類していくのです。

『アウトプット大全』の場合は、最初に「基本」「書く」「話す」という3つのカテゴリーに分類しました。

カテゴリーごとに分類すると、いろいろなことがわかってきます。たとえば、『アウトプット大全』では、「基本」「書く」「話す」にも分類されないカードが出てきます。「始める」「チャレンジする」「眠る」などです。これらを、別のカテゴリーに分類しないといけません。

ということで、「行動する（DO）」という新カテゴリーをつくってみると、そこに残りのカードが収まり、素晴らしくうまくまとまりました。

(5) 再度カテゴリーわけをする

カテゴリーわけがうまくいかないときは、再度、最初から別のカテゴリーを考案して、再分類します。その場合、前の結果をスマホで写真を撮っておいてから再分類するといいでしょう。

全体がうまくまとまり、「これだ！」と思うまで繰り返します。

(6) デジタルでまとめる

アイデアや構成がまとまったら、今度はパソコンを開いて、デジタルでアイデアを細かくまとめていきます。そのときに役に立つのが、MS-Wordの「アウトライン」機能です。まだ、デジタルでうまくまとまる気がしない場合は、いったんノートに手書きでラフにまとめるのもいいでしょう。

以上、私が日常的に行っている、カードを使ったブレインストーミング、アイデア出しの方法です。

人間の脳は、記憶と記憶が「芋づる式」につながっているといいます。つまり、カードによるアイデア出しは、脳科学的にも非

常に効果的な方法と考えられるのです。

実際、素晴らしいアイデアが泉のように湧いてくるので、ぜひ試してほしいと思います。

カードを使ったアイデア出しの実例

本書『アウトプット大全』を執筆する前の実際のカード

- 100枚を目指して、とにかく書き出したあと、カテゴリーごとに配置していく
    ↓
- 再考したいときは、写真に撮ってから再分類

芋づる式にアイデアを引き出し、「これだ！」と思えるまで繰り返す

 カードを使えば、効率よく「脳内ブレスト」ができる。

46 ノートをとる
Take Notes

思考の軌跡は、1冊のノートにすべて残す

「書く」ということを考えたとき、浮かび上がるのが「どのようにノートをとるか」という問題。日々のノートのとり方によって、学びのスピードは何倍にも変わってくるはずです。

ノート術の本は山ほど出ていますので、自分の目的や性格に合ったノート術を実践しましょう。自分にとって最も便利で、自分の学びを最速にしてくれる、世界でひとつの自分だけのノート術を模索しながら目指していくのです。絶対的に正しい答えがあるわけでなく、自分にとっての「最高のノート術」を、自分で実践することを通して発見してほしいと思います。

とはいえ、「樺沢はどんなふうにノートをとっているんだ?」と気になる人も多いと思うので、樺沢流ノート術についてお伝えします。

この方法があなたにとってベストの方法かはわかりませんが、このノートのとり方にしてから10年近く続いている方法なので、それなりに洗練された方法だと思います。

(1) 1冊のノートにすべてをまとめる

私のノートの用途は、「セミナー、講演の聴講の記録」「自分のセミナーや出版のアイデア出し」「会議、打ち合わせの記録」「映画の感想などアウトプットの下書き」などがありますが、これらを1冊のノートにすべて書いています。

仕事とプライベートをわけるとか、複数のノートを使いわける人がいますが、あとから見返すときに「どのノートに書いた?」とわからなくなる可能性が高いのでおすすめしません。

1冊のノートにすべての記録を時系列順に書いておくと、何年の何月頃とだいたいの時期を思い出すだけで、あっという間にそのページを開くことができます。圧倒的に、復習しやすく、見返しやすいのです。

（2）自分のこだわりのノートを持つ

　ノートは大きさと書式、紙質などによって、さまざまな種類がありますが、私が愛用するのは「MDノートライト A4変形判、方眼罫」（ミドリ）。

　A4ノートを使う理由は、見開きに書き込める情報量が多いからです。ノートを開くたびに、過去の記録を見直すようにしています。

　2週間で3回復習すると忘れないので、ノートを開くたびに、最近の記録を見返すと、自然に書いた内容が強固に記憶されていきます。

（3）見開き2ページに収める

　基本セミナーの記録、会議の記録などは、見開き2ページに収めるように書きます。ページをまたがないことによって、一瞬で内容を俯瞰、確認、復習できるからです。

　2ページでも収まらない場合は、4ページ（次の見開きを）使用してもいいでしょう。

(4) レジュメにメモしない

最悪のノート術は、レジュメや配布資料にメモをとることです。1年前の会議の配布資料を取り出すことはほぼ不可能か、探すのにものすごく時間がかかります。

その点、ノートに時系列に書いておけば、本棚からすぐに取り出すことができます。レジュメにメモしても、二度と見ることはありません。レジュメにメモをすると復習、確認ができないので、捨てるために書いているようなものです。

(5) 細かくノートをとりすぎない

セミナー参加者の方で、「一字一句、もらさずメモしてやろう!」と意気込んで、猛烈な勢いでノートをとっている人がいます。そういう人に質問をふると、まったくセミナーの内容が頭に入っていないことが多いのです。

すでに知っていることをノートに書く必要はありません。講師の話を集中して「聞く」。その中で自分が気付いたことや、重要なことだけをメモすればいいのです。イメージとしては、2時間のセミナーで見開き2ページに記録する。私も2時間の映画を観て、感想や気付きを見開き2ページに記録しています。

1時間1ページもノートをとれば十分だと思います。

(6) 気付きを3つ書く

ノートに何を書くのか、それは「気付き」＝「アハ!体験」です。脳の神経回路がつなぎ変わるような発見や学び、気付きは必ずメモしましょう。

講師が話した内容は、あとから資料を見返せば思い出せますが、自分の「気付き」は30秒で失われます。セミナーや講演会の受講、本を読むこと、これらはすべて「気付き」を得て「自己成長」することが目的。「気付き」を書き留めないと、「自己成長」につながりません。

あまり欲張っても仕方ないので、2時間のセミナーで3つの気付きを得られれば十分でしょう。

(7) TO DO を3つ書く

現実を変えるためには、行動を変えないといけません。つまり、「気付き」だけでは不十分なのです。そして「気付き」を「行動」に変えるツールは、「TO DO（すべきこと）」です。

「気付き」を実際の自分の生活、仕事の中でどのように実践していけばいいのか。TO DO リストを箇条書きで書いていきます。これもあまり欲張っても実行できないので、2時間のセミナーで3つの TO DO が得られれば十分でしょう。

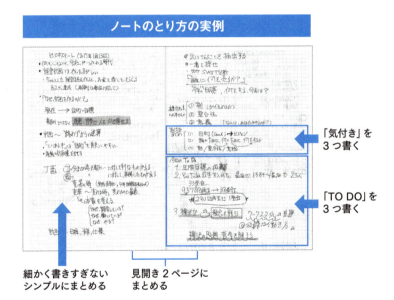

ノートのとり方の実例

「気付き」を3つ書く

「TO DO」を3つ書く

細かく書きすぎないシンプルにまとめる

見開き2ページにまとめる

以上が、私が日々行っているノート術のエッセンスです。よさそうな部分を取り入れて、あなたのノート術をブラッシュアップしてほしいと思います。

 「板書」は不要。
「気付き」や「TO DO」だけを書き留めよう。

CHAPTER3 WRITE

47 構想をまとめる
Group Ideas Together

初めは、紙とペンで「アイデア出し」から

「スマホ、タブレット、パソコンが便利で最強」「いやいや、ノートや手帳など"紙"のアナログツールもなくては困る」―――このように、デジタルとアナログのどちらが優れているかという議論がよくありますが、正直意味のないものだと思います。

なぜならば、「アナログ」と「デジタル」には、それぞれに優れた長所があります。

一言でいえば、「**抽象化のアナログ、具象化のデジタル**」です。それぞれの長所・短所を知って、ケース・バイ・ケースで最適な使い方をするべきです。

「企画書をまとめる」「講演資料をつくる」などの、「構想をまとめる」場合に、この「アナログ」と「デジタル」の使いわけを知っていると、ものすごく役に立ちます。しっかり使いわければ、作業時間を半分以下に短縮することも可能です。

たとえば、新製品の企画書をまとめる場合。いきなり、ワープロソフトを開いて、企画書を書き始めてはいけません。まずは、

アナログとデジタルの長所・短所

アナログ仕事	デジタル仕事
手を動かすので脳が活性化する	脳を活性化しづらい
アイデアが出やすい（創造性、発想力）	アイデアを練り上げやすい（具体化）
視覚的、感覚的、直感的	言語的、論理的
修正に時間がかかる	修正に時間がかからない
かさばる、重たい、持ち運びが面倒	データなのでスマホ、パソコンに保存できる
現物がないと見られない	いつでも見られる
シェアするのが面倒	一瞬でシェアできる
古いものを取り出すのに時間がかかる	検索可能、一瞬で取り出せる

いろいろなアイデアを紙やノートに書き出す。アイデアが「抽象的」にしか浮かんでいない場合は、自分のイメージをイラストで描いてみるなど、紙を使ったアナログの作業が向いています。

ある程度アイデアがまとまってきたら、今度はパソコンを開いて、図でまとめてみたり、文章でその新製品の特徴やコンセプトを説明したりと、具体的に詳細な記述を進めていきます。この段階に入ると、デジタルのほうが便利です。

抽象的なアイデアを自由に発想する作業にアナログは向いていて、そのアイデアを具体化していく作業にデジタルは向いています。

全体を大雑把にとらえるアナログ。詳密、精緻に詰めていくデジタル。「鳥の目」のアナログ、「虫の目」のデジタル───このように、アナログ仕事とデジタル仕事の特性を理解すると、今自分がしている作業にアナログが向いているのか、デジタルが向いているのかが、自然と明らかになるはずです。

「アナログ」→「デジタル」の順番によるアイデア出しを意識するだけで、あなたの構想は短時間でわかりやすくまとまっていくのです。

構想のまとめ方

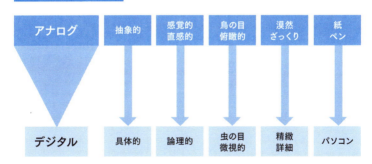

 デジタルとアナログの両刀使いで構想をわかりやすくまとめよう。

48 プレゼンスライドをつくる
Make Presentation Slides

パワポを開くのは、構想が固まってから

　構想をまとめるには、「アナログでざっくり出して、デジタルで精緻にまとめる」。このコンセプトは理解できたと思いますが、具体的にどのように作業を進めていくのがいいのでしょうか。

　私は、90分の新作講演の準備をする場合、たいてい2日で終わらせます。90枚のスライドをゼロからつくる作業ですから、普通の人だと1週間はかかるでしょう。

　それをわずか2日で終わらせてしまう、驚異のプレゼン資料作成術を初公開したいと思います。

　あなたは、どのようにプレゼン資料をつくりますか？　まさか、PowerPointを開いて、1枚目のスライドから順に、スライドづくりをしていないですよね？

　プレゼンが苦手な人ほど、いきなりPowerPointを使ったスライドづくりからスタートしているはずです。

　私の場合は、PowerPointを使うのはいちばん最後です。私は、以下の3ステップで、講演スライドの準備を進めていきます。

【ステップ1】ノートを使ってアイデアを出す

　まず、どんなことを話すのか、話したいのか。ざっくりとしたアイデアをノートに書き出します。アイデア出しなので、できるだけたくさん、自由に書き出していきます。

　箇条書きで、A4ノート見開き2ページにいっぱいになるくらいアイデアが出たら、90分話すには十分な内容です。

　次に、新しいページを開き、ページを4分割します。時系列に合わせて、話す内容を整理していきます。時計をイメージして、「右上」「右下」「左下」「左上」の順に、最初の20分、次の20分で話す内容を書き込んでいきます。

　「右上」イントロダクション、「右下」入門的な話、「左下」応

用的な話、「左上」まとめ、結論という区分を意識すると、シンプルにまとまります。

ノートによるアイデア出しがはかどらない場合は、まずカードによるアイデア出しを行い、次にそれをノートにまとめるといいでしょう。

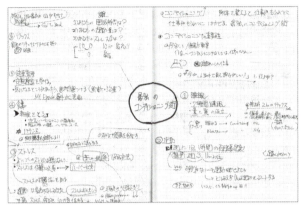

「最強のコンディショニング術」セミナーの準備のためのアイデア出し。

【ステップ2】アウトラインを使って構成を決める

次に、MS-Wordを開き、ツールバーの表示から「アウトライン」画面を開きます。

「アウトライン」は、「目次を書く」「構成する」のに、極めて便利なツールです。「アウトライン」がないと、私は本を書くことも、講演することもできなくなります。

「アウトライン」の特徴は、第1章、第1節、第1項そして、その個別の内容などを、階層別に記述できることです。「第1節」と「第2節」を入れかえることも簡単にできますので、全体の構成をサクサク決めることができます。

MS-Wordを使っていても、「アウトライン」機能を知らない人がほとんどです。「アウトライン」機能を使うと、「構成を決める」のに要する時間を半分以下に節約できますので、ぜひ使ってみて

ください。

　90分の講演の場合は、私は1分1枚のイメージで、90枚のスライドを準備します。「アウトライン」で、90行（90項目）になるように、内容を決めていきます。スライド1枚ごとにどんな内容を書いていくのか、PowerPointを開く前にすべて決めておくということです。

　「構成」というのは、建築における「設計図」です。アウトラインを使って質の高い「構成」（設計図）が書ければ、質の高い建築物（プレゼン）ができることは間違いありません。

「アウトライン」の実際の活用例

```
⊕ 第1章　アウトプットの基本法則　16.
    ⊕ アウトプットとは。
        ○ 定義、基本説明。
            ⊕ 「話す」「書く」がアウトプット。
                ○ インプットは、「聞く」「読む」。
                ○ インプットは「脳内世界」、アウトプットは「外界の変化」。
                ○ 実際に情報を使う、活用する。行動する。
                ○ アウトプットによってはじめて「現実」が変わる。
    ⊕ アウトプットのメリットとは？
        ○ アウトプットをすると、どんなメリットが得られる？
        ○ 記憶に残る、自己成長する、人生が変わる。
    ⊕ 【アウトプットの基本法則】1
        ⊕ 2週間3回の復習で記憶に残る。
            ○ 使われない情報は全て忘れる（海馬の法則）。
            ○ 【脳】海馬の仕組みを解説。
    ⊕ 【アウトプットの基本法則】2。
        ⊕ 自己成長の螺旋階段の法則。
            ○ インプット、アウトプットを繰り返すことで、人は成長する！！
            ○ 「できる人」ほど「アウトプット」している理由。
```

本書の執筆前に行った「アウトプット力養成講座」セミナーの実際の構成。
スライドの作成前に樺沢が「アウトライン」で作成したもの。

【ステップ3】PowerPointを使ってスライドをつくる

　構成がすべて決まったら、ようやくPowerPointを立ち上げ、スライドづくりをスタートします。アウトラインに従って、手作業をしていけばいいだけです。

　PowerPointの作業中に、「次はどうしよう？」と悩むことはいっ

さいありませんから、あとは一心不乱にスライドをつくり続けるだけです。

このステップは「知的作業」というより、ひたすら手を動かすだけの「運動作業」となります。

ポイントは、「構成」と「スライドづくり」の工程を完全にわけることです。スライドをつくりながら、「次はどうしよう？」と考えることが、最も時間を浪費する原因なのです。

実は、私も10年前は、90分のスライドをつくるのに1週間をかけていました。しかし、この「3ステップスライド準備術」を確立してからは、準備時間を3分の1以下に短縮することができました。

「アイデア出し」「構成」「スライドづくり」をすべて分割独立して行う。たったそれだけで、あなたもスライド準備時間を大幅に短縮できます。

3ステップスライド準備術

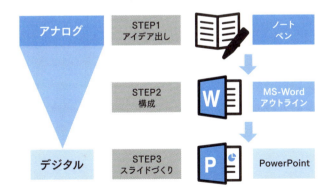

 伝えたいことをよく吟味してから具体的な作業に入ろう。

CHAPTER3 WRITE

49 ホワイトボードに書く
Write on a White Board

意見を出し合う場では最適なツール

　プレゼンテーションをするのに「スライドとホワイトボード、どちらがいいですか？」という質問があります。それぞれに長所と短所がありますので、目的によって使いわける、あるいは、メインをスライドにして、部分的にホワイトボードを使うというのがいいでしょう。

　ホワイトボードの最大のメリットは、集中力が高まるということです。何も書いていないところから文字を書いていくので、否が応でも注目が集まります。一方、スライドはただ映写されるだけなので、頭に入っているようで抜けている可能性があります。

　参加者の意見や質問をホワイトボードに書くことによって「参加型」となり、参加者も「能動的」になります。スライドでは、話を聞くだけの「受講型」となり、参加者は「受動的」になります。

ホワイトボードとスライドはどちらが便利？

ホワイトボード	スライド
集中力が高まる	集中力が下がりやすい
参加型、交流型	受講型
能動的	受動的
臨機応変、アドリブ	事前準備
意見を出す、まとめる	人の話を一方的に聞く
会議、研修、アイデア出しに向く	講演、セミナーに向く
書くのに時間がかかる	短時間で大量の内容が伝わる
情報量少	情報量大
チーム、グループ	1対多
少人数向け	多人数向け
アウトプットの共有ツール	情報伝達のツール

会議や研修など、参加者に意見を出してもらって、それを共有し、まとめていくのに、ホワイトボードは極めて適しています。

一方、ホワイトボードのデメリットは、書くのに時間がかかること。結果として、時間当たりに伝えられる情報量はスライドに負けます。あるいは、参加者が100人いると、うしろの人はホワイトボードがまったく見えないので、どうしても少人数向きということになります。

結論として、少人数の会議や研修など、活発に意見やアイデアを出し合うシチュエーションで、ホワイトボードは極めて威力を発揮します。アウトプットのツールではなく、「参加者のアウトプットをその場で共有するツール」と考えると、いろいろなシチュエーションで上手に使えると思います。

ホワイトボードで参加者の脳がつながる

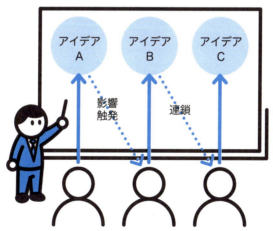

参加者のアウトプットが共有できる

 「参加型」のシチュエーションではホワイトボードを活用しよう。

50 引用する1
Quote

説得力を圧倒的に高める「引用」マジック

　説得力のある文章を書くうえで、「引用する」という技術は必須です。私の本の巻末を見ていただければわかりますが、どの本でも30冊前後の参考図書を引用しています。

　企画書を書いたり、プレゼンテーションをしたりする場合、適切な引用ができると、説得力、信憑性、信頼度を圧倒的に高めることができます。しかしながら、ほとんどの人は、普段「引用する」ということをあまり考えていないので、「引用する」ことがすごく下手なのです。

　上手な引用のコツは、4つです。
（1）引用元を明記する
　本や論文から引用する場合は、必ず引用元を明記してください。引用元を明記しない場合は、著作権違反になる場合もあります。実際のところ、ビジネス書を読んでも引用元が書かれていない本も多く、著しく信憑性を損ねています。引用する場合は、引用元の明記が必須です。

（2）権威を利用する
　「ハーバード大学の研究によると」「雑誌『Nature』に掲載された論文によると」「厚生労働省の調査によると」など、大学、機関、雑誌など権威ある引用元を明記することによって、信憑性は圧倒的にアップします。

　たとえば、同じ研究を引用した場合でも、「ある研究によると」と「ハーバード大学の研究によると」では、具体的な大学名が明記されているほうが、受け手の印象としては何倍も信頼性が高まるでしょう。

（3）数字を正確に明記する

「約30％に効果が認められた」ではなく、「32.3％に効果が認められた」と、具体的な数値を原典からそのまま引用したほうが、信頼性は高いです。簡略化すると、それだけ印象がぼやけてしまいます。

（4）普段から引用元を集めておく

プレゼンの資料づくりの最中に、何か論文を引用しようと思って探しても、なかなか適切な論文が見つからない。あるいは、論文を探すのにものすごく時間がかかる、ということがあります。そのために、普段から引用元を集めてストックしておくことが必要です。

自分の専門領域において、毎日の新聞やニュース、ネット上の記事から、将来引用できそうなものは、すべて記録しておく。そうすれば、いざというときに、すぐに適切な引用をすることができます。

引用する力は、プレゼン、そしてアウトプットの基礎力となりますので、普段から「引用する」習慣をつけてください。

上手な引用のコツ4つ

①引用元を明記

〈引用元〉
「○○○○○」
「○○○○○」
「○○○○○」
「○○○○○」
「○○○○○」

②権威を利用

③数字は正確に

× 約30％
◎ 32.3％

④普段から引用元をストック

 いつか引用できるネタがないか、アンテナは常に高く。

51 引用する2
Quote

プロが使うツールで、適切な引用元を探す

「自分の考えを裏付ける論文や資料を探したい」と思ったときに、あなたはどうしますか?

多くの人は Google を使うと思いますが、それは愚の骨頂です。信憑性の低いウェブサイトやブログ記事ばかりが表示されて、肝心の信憑性の高い論文は、そう簡単には見つかりません。

そこで、引用元の論文や資料を探すために科学研究者やプロのライターが使う、専門的なツールを紹介しましょう。

(1) Google Scholar (グーグル・スカラー)

Google で論文を探そうと思っても、通常の Google 検索では出てきません。論文だけを検索できる特別な機能、それが「Google Scholar」です。「Google Scholar」は、Google の検索結果から学術論文、学術誌、出版物だけを検索結果として表示してくれます。

私のセミナー参加者に対する独自調査では、認知率は15%でした。修士論文、博士論文を書いたことのある人は知っているでしょうが、それ以外の人はほとんど知りません。

(2) Google ブックス

信憑性を高めるために「本」「書籍」を引用したいという場合は、「Google ブックス」がおすすめです。「Google ブックス」では、書籍内の全文を対象に検索を行うことができます。

これも Google の公式機能なのですが、知っている人は少ないです。私のセミナー参加者に対する独自調査では、認知率は4%でした。

たとえば、「有酸素運動は認知症予防に効果がある」ことをサポートする引用元を探したい場合は、「Google ブックス」で「認知症予防　有酸素運動」と入力すると、それらについて言及された本が、検索結果としてズラーッと表示されます。

当該ページの前後数ページが無料で読めるようになっています。当然ですが、本の全文は読めません。

また、すべての本、すべてのページが、検索対象となっているわけではありません。あくまでも、自分が知りたい内容が書かれた本を何冊か紹介してくれるサービスというとらえ方です。「引用元」のあたりをつけるために使うには十分だと思います。

(3) PubMed

「PubMed」は、アメリカ国立医学図書館が提供する医学文献データベースで、生物医学、生物科学系のすべての英語論文をデータベース化しています。医学研究者にとっては必須のサービスで、医者や研究者にとっては必須のツールですが、一般の人はほとんど知りません。医学系の論文を探すのであれば、「PubMed」は必須です。

こうした専門家が使うサービスを知っていると、いざというとき、適切な学術論文を探して引用することができます。

論文や資料を探すためのおすすめツール3つ

- Google Scholar　https://scholar.google.co.jp/
  Google の検索結果から学術論文、学術誌だけを表示

- Google ブックス　https://books.google.co.jp/
  書籍内の全文を対象に検索を行う

- PubMed　https://www.ncbi.nlm.nih.gov/pmc/
  生物医学、生物科学系のすべての英語論文をデータベース化

 信憑性の高い情報にリーチできる
専門的なサイトを知っておこう。

52 要約する
Summarize

140字で鍛える「要約力」=「思考力」

　要点をまとめて相手に伝える、つまり「要約する」のが苦手な人は多いと思います。

　相手の考えやいいたいことをつかみ、まとめ、言い換える能力が高い ―― そういう人はコミュニケーション能力も高く、仕事の進行も早い。的確に考えを伝えられるのでミスや行き違いも少ない。要約力というのは、ビジネスマンにとって必須のスキルといってもいいでしょう。

　とはいえ、「要約する」のは非常に難しいので、練習をしていく必要があります。要約力をアップさせるための練習法としては、Twitterを使うのがおすすめです。

　Twitterは140字までしか投稿できません。何か伝えたいことがあった場合、140字以下にまとめなければいけない。その制限がちょうど、トレーニングになるのです。

　ですから、本を読んだら、その内容や感想を要約してTwitterに投稿。映画を観たら、その内容や感想を要約してTwitterに投稿。これを毎日続けていけば、要約力は飛躍的に高まります。140字ですから、最初は制限時間5分で終わらせましょう。

　「自分の感想を書くのが難しい」というなら、単純な「要約」を書くだけでもいいでしょう。本の内容の要約、映画のストーリーの要約です。

　140字というのは、長いようで短く、短いようで長い。思った以上に内容を盛り込むことができますが、ダラダラ書くとすぐにオーバーしてしまう。要約を書くのに絶妙な字数といえます。

　最初のうちは、字数内にまとめるのはかなり大変なはずですが、その「大変さ」はトレーニングになっていることの証拠です。

要約は、読解力のトレーニングにもなります。国語が苦手な人は、要約トレーニングをすると成績が上がります。読解力が高い人は、思考力が高い。

　つまり、要約することで「考える力」も鍛えられる。要約は、恰好の脳トレーニングといえるのです。

要約例（実際の樺沢のTwitter投稿から）

魂を揺さぶられる映画を見た。『#グレイテストショーマン』。大きな夢を実現する話かと思いきやそうではない。「今、そこにある幸せに気づけ！」というテーマが心に刺さる。圧倒的な人間肯定。究極のポジティビティ。幸せになるのに必要なものは、人や仲間。そして、人や仲間が集う場所。5回泣いた。

映画『#ペンタゴンペーパーズ』。感動しました！　国家秘密文書を掲載すれば、会社倒産＆逮捕の危機。そんな犠牲を払っても「報道の自由」を主張し、ベトナム戦争をストップさせるべきか。究極の選択を迫られるワシントンポスト社主のキャサリンの決断に・・・泣きました。ブレない決断、大切ですね。

よく行く #スープカレー 屋「らっきょ＆Star」（綱島）。私の定番は「3種のことこチーズのパイ包みスープカレー」。パイの中に封じ込められたスパイスが、パイを崩すと一瞬で爆発する！　なんという濃厚なスパイス感。そして圧倒的な野菜のおいしさ。きのことチーズの相性も抜群。超満足の一皿。

「いま先進国で生まれる子供は、５０％を超える確率で１０５歳以上生きる」まじか！『LIFE SHIFT』に衝撃を受ける。100歳まで生きる時代の到来。これはものすごい希望。ただし働き方、生き方をシフトしないと、厳しい未来が待っている。誰でも楽しい100歳を迎えられるわけではないのだ。#ライフシフト

久しぶりに来た #上海 の発展が凄い！　地下鉄が新しくてキレイですぐに来る。街にゴミが一つ落ちてない！　億ションが乱立。街中がショッピングセンター。食べ物が美味しい。ただ、物価は日本と変わらない水準。人口2500万人だが、都市として機能している。行って初めてわかる。#中国 恐るべし。

『#親切は脳に効く』（サンマーク出版）。ハグなどのボディタッチで分泌する愛のホルモン #オキシトシン。そのオキシトシンが、「親切」によっても分泌することが、脳科学的に説得力をもって描かれる。親切→免疫力アップ、病気リスク低下→長生きできる。ということで、猛烈に親切をしたくなる一冊。

 本や映画の感想をつぶやいて、要約力をトレーニングしよう。

53 目標を書く
Set a Goal

具体的な「実現する目標」を立てる

「目標がちっとも実現しない」という人は多いと思います。なぜ、あなたの目標は実現しないのでしょうか？

それは、目標の書き方が悪いからです。同じ目標を書くにしても、「実現する書き方」と「実現しない書き方」があります。

たとえば、「ダイエットする！」というのが絶対に実現しない目標の書き方、「3カ月で2キロダイエットする！」というのが実現する目標の書き方です。

ここでは、脳科学にもとづいた、実現する目標の書き方をお伝えします。

(1) 難易度を「ちょい難」に設定する

「目標は高いほどいい」と思っている人がいますが、完全に間違いです。たとえば、「3カ月で10キロダイエットする！」という目標を立てても、「どうせ無理だろう」という気持ちが心の中でよぎるはずです。

脳科学的には「高すぎる目標」では、ドーパミンが出ないのです。ドーパミンは、モチベーションの源。目標達成するために必須の脳内物質です。

ドーパミンは、簡単すぎない、難しすぎない、一生懸命がんばればなんとか実現できそうな目標を設定したとき、最も分泌されます。簡単ではない、ちょっと難しい課題を、私は「ちょい難」と呼びます。

たとえば、テレビゲームでも、簡単すぎてはつまらないし、3秒で瞬殺されるような難易度でもつまらない。「ちょい難」がいちばん盛り上がり、楽しいのです。

「3カ月で2キロダイエットする！」であれば、おそらく「がんばればなんとかできそう」な難易度です。自分の過去の経験、実績から、必死にがんばれば達成できるギリギリのラインで目標設

定することが重要です。

（2）期限をつける

「2キロダイエットする！」という目標。いつまでに達成したいでしょうか。3カ月後ですか？ 1年後ですか？ それとも、10年後ですか？ 期限のない目標は、まったく意味がありません。

人間は、時間が制限されることで、モチベーションが湧いてきます。逆に、時間が制限されないとモチベーションは湧かないのです。時間を制限する、締切を設定する。その精神的プレッシャーによってノルアドレナリン（集中力を高める物質）が出ます。

また、制限時間内に一部でも目標を達成できると「ご褒美」としてドーパミン（モチベーションを高める物質）が分泌されます。期限をつけることで、集中力とモチベーションが上がり、実際に目標をクリアすることができるのです。

（3）TO DOに落とし込む

目標は立派ですが「では、実際に何をしていますか？」と質問すると、黙ってしまう人がいます。TO DO（何をするか）に落とし込まれていない目標は、行動に移すことは不可能です。TO DOとは何をするか。具体的な行動です。

「3カ月で2キロダイエットする！」。これを1日100回唱えても、

「実現しない目標」を「実現する目標」に置き換えよう

ダイエットする	→ 3カ月で2キロ体重を減らす
運動を習慣にする	→ 週2回以上ジムに行き、週2時間以上の運動をする
仕事をがんばる	→ 社内売上ランキングで5位以内に入る
億万長者になる	→ 40歳までに資産1億円を築く
海外旅行に行く	→ 今年の夏休みに5日間のハワイ旅行に行く
映画をたくさん観る	→ 月に10本映画を観る

絶対に体重は減りません。たとえば、「間食はしない」「夜21時以降の食事はしない」「週2回ジムに行き、1回1時間以上の有酸素運動をする」。こうした具体的な行動がTO DOです。

(4) 客観的に評価できるようにする

　目標もTO DOも、達成できたかどうか、第三者が見て客観的に評価できるものでなくてはいけません。たとえば、「ダイエットする！」という目標を立てて、3カ月後に「0.5キロやせた」とします。

　それは、ダイエットに成功したのでしょうか、失敗したのでしょうか？　自分としては「がんばったから成功した」と思うでしょうが、あなたの友人は「0.5キロはやせたうちに入らない」と言うかもしれません。

　評価できないと、フィードバックできません。つまり、改善や修正ができない。また、はっきりとした結果が出ないと、ご褒美物質のドーパミンが出ない。つまり、やる気が続かないのです。

　「3カ月で2キロダイエットする！」のが目標であれば、体重さえ正確に測れば、誰が評価、判断しても、成功か失敗かは歴然とわかります。

(5) 小さな目標に分割する

　目標が大きいと、その「達成度合い」や「進捗」を管理するのが困難になります。ですから、「大きな目標」を「小さな目標」に分割して、定期的に評価し、フィードバックするべきです。

　たとえば、「3カ月で2キロ」のダイエット目標だと、「2週間で350グラム」やせればOKです。2週間ごとに体重減少を評価し、目標達成できなければ「その理由」と「改善策」を考える。達成できたら、「うまくいっている理由」と「さらによくするためのアイデア」を考える。ここで「小さな目標」が達成できているとドーパミンが出て「もっとがんばるぞ！」「次の2週間も結果を出すぞ」とやる気が充填されるのです。

心の中のイメージは同じでも、目標の書き方次第で、実現できたり、できなかったりする。今までの「実現しない目標」の書き方を改め、「実現する目標」へと書き方を変えるだけで、あなたの目標は圧倒的に実現しやすくなるのです。

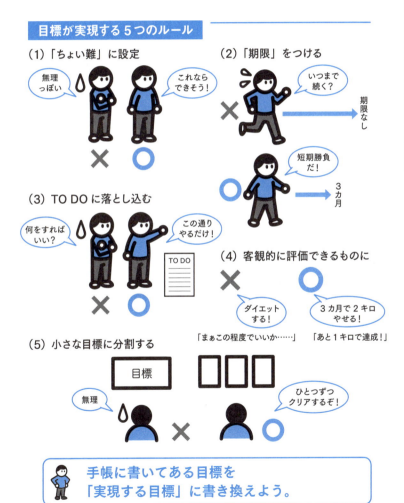

手帳に書いてある目標を「実現する目標」に書き換えよう。

CHAPTER3 WRITE

54 目標を実現する
Achieve a Goal

目標は脳裏に焼き付け、世間に公言

年初に「年間目標」を立てたけれども、その後すっかり忘れていた、という経験はありませんか?

目標を書くのは、目標を実現するための第一歩にすぎません。目標を書いたあとに、必ずやらなければいけないことがいくつかあります。

(1) 毎日目標を見返す

目標は、何度も見返さなければいけません。何度も見返すことで「全然進んでいない!」と気付いて、「もっとがんばろう!」とモチベーションが上がります。

私の場合、毎日持ち歩くスケジュール帳の第1ページに年間目標を貼り付けています。つまり、毎日手帳を開くたびに、年間目標を確認するということです。

脳裏に焼き付いて暗記していえるくらいにしておかないと、目標は実現しません。何度も見返すことによって、脳幹網様体賦活系(RAS)に目標が刻み込まれるので、目標実現のために必要な情報を脳は無意識に探すようになり、チャンスも開けていくのです。

(2) 目標を公言する

目標は心の奥底に秘めていても、実現するものではありません。目標は公言したほうがいいのです。

たとえば、「3カ月で2キロのダイエット」の目標を立てても、周りの人がそれを知らなければ「ラーメン食べに行かない?」「ケーキを食べに行かない?」と、悪魔の誘惑を仕掛けてきます。あなたが友人に目標を公言していれば、そんな誘いをしてくることもなく、むしろ協力してくれるでしょう。

結果として、目標を実現する確率が高まるのです。自分も、目標をいってしまった手前「結果を出さないと体面が保てない」と、

追い込まれた状況がつくり出されます。

心理学では「パブリック・コミットメント」といい、目標は公言したほうが実現の確率が高まることが知られています。

(3) 定期的にフィードバックする

目標は定期的にどこまで達成できているか、達成度を評価する必要があります。タイミングとしては月末です。月末の最終日に、目標の達成度合いを評価します。多くの場合、当初の予定よりも「達成できていない」はずなので、達成できていない原因や理由を考え、対策を講じます。

新たに TO DO やタスクが出てきたら、それを来月のスケジュールに書き加えるといいでしょう。

私は、「月20冊の読書」「月10本の映画」というインプットの目標を立てています。その達成度について、月末のメルマガで今月はどんな本をどれだけ読んだ。どんな映画をどれだけ観た、ということをまとめて発表しています。

目標を公言し、その途中経過も発表することで緊張感が高まり、実際に目標達成に向けて大きく後押ししてくれます。

目標は公言したほうが実現の可能性がアップする

 実現したい目標は
胸に秘めるのではなく、どんどん口にしよう。

CHAPTER3 WRITE

55 企画書を書く
Write a Proposal

企画になりそうなネタを日頃からキャッチ

　企画書を書くというのは、けっこう大変な作業だと思います。さらに、企画が会議やコンペに通過し実現していく、というのは本当に大変なことです。私も出版に携わる者として、「企画書を書く」ことについてはかなりのこだわりを持っていますので、通る企画書の書き方のコツをお伝えしたいと思います。

(1) アナログからデジタルへ

　「企画書を書くぞ！」と思ったら、何をしますか？　いきなりPowerPointやWordの画面を開いてアイデアや企画を書き始めようとしても、それはほぼ不可能といっていいでしょう。

　アイデア出しの基本は、アナログからデジタルへ。まず、ノートやカード、紙。あるいは、チームでやる場合はホワイトボードなどに、手を動かしながら「書く」。このアナログの作業なしでは、いいアイデア、いい企画は生まれません。

　いろいろなアイデア、あるいは素材を7〜8割方出したあとで、デジタルで詳細な部分を詰めて形にしていくのです。企画書の最初の一歩は、「紙に手で書く」ことから始まります。

(2) 普段から企画書を書く

　多くの人が企画書を苦手とするのは、「めったに企画書を書かないから」だと思います。毎月企画を出す仕事をしている人は、「自分のアイデアを形にまとめる作業」を楽しんでいるはずです。

　私は、「本にできそうなおもしろいアイデア」が思いついたら、企画書にまとめます。とりあえず忘れないうちに、コンセプトを形にして残しておきます。それを誰かに見せるわけではなく、ただ寝かせておきます。

　1〜2カ月寝かせてから客観的に読んでみて、「やっぱり、この企画はおもしろい！」と思える企画はいい企画です。ダメな企画

は、時間が経つと「陳腐」に思えてきます。

このように、普段から企画書を書く習慣をつくり、企画書のストックを準備しておく。そして、いざ「企画書を提出しなさい」という段階になって、それらの書きためた企画書からよさそうなものを選択して、ブラッシュアップして提出する、というイメージです。

私のパソコンの中には、誰にも読ませていない出版企画書が20くらいはストックされています。

(3) 普段から企画のネタを集めておく

上司から「企画書を提出しなさい」といわれてからネタを集めたり、アイデアを出したりしても、いいアイデアが急に浮かぶということは、クリエイティブな能力が相当高い人でないと無理だと思います。

私の場合は1年以上かけて、企画のネタ、企画につながりそうな情報、ニュースなどを、日々蓄積しています。

2年後に出版したい本の企画、その「ネタ／アイデア」を今から1年くらいかけて蓄積していくイメージです。そのくらい時間をかけてネタ収集をしていますので、ものすごく濃い企画ができあがるのです。

普段から「企画」を意識していれば、
いざというときに「いい企画書」が出せる

毎日見ているニュース、ブログ、本、新聞、テレビなどに、「すごい企画」につながる「ネタ／アイデア」は、たくさん散らばっているのです。それらを普段からコツコツと拾い集めておくことで、いざ「企画書を書く」ときに役に立つのです。

(4) プチマーケティングをする

実際にその企画が商品化され、発売されたときに、圧倒的に消費者の支持を受け、爆発的に売れるならば、その企画は「よい企画」であるといえます。

さて、その商品が確実に売れることが事前にわかっているとするならば、あるいは、タイムマシーンに乗って未来を見ることができるとするならば、確実に成功する企画をつくることができます。そんな夢のような話が……あります。

事前にその企画を、小規模でいいから実行してみましょう。サンプル品をつくって、モニターの方に使ってもらうなど、超小規模でかまいません。マーケティングのデータがあると、その企画がいいのか、悪いのか歴然とわかります。

たとえば、この『アウトプット大全』の執筆を始める数カ月前に「アウトプット力養成講座」というセミナーを開催しました。定員100名のそのセミナーは、わずか3日で満席になったのです。過去最高水準の注目度に驚きました。

つまり、「アウトプット力を身につけたい」という人が、極めてたくさんいるということが証明されたのです。これがプチマーケティングです。

自分の企画に関する記事をブログに書いてアクセス数を見るというのも、プチマーケティングです。ここまでやっておくと、企画で大きく外れるということがありません。

実際の企画書の詳しい書き方は、業種や会社によって、書式もボリュームも異なりますから、ここで逐一説明することはしません。個別の書き方、各論については、本もたくさん出ていますので、それらを参考にしてください。

しかしながら企画書というのは、ほぼ書き始める前、つまり普段の生活によって決まってしまうように思います。普段から、インプットとアウトプットを繰り返しながら、「ネタ／アイデア」を収集していれば、必ずいい企画書が書けるはずです。

企画書の例

```
企画書
■書籍名　（2行）
海賊の心理学　～今「ONE PIECE」と龍馬がブームになる心理学理由

■企画概要　（8行）
　海賊を題材にした漫画「ONE PIECE」が大ブームになっている。なぜ今、「ONE PIECE」が流行
るのか？　それは、心理学において「海賊」＝「父性」を象徴するからである。今、社会が強い
父性を求めている。だから、父性的存在・坂本龍馬を描いた「龍馬伝」が大ヒットした。「草食
系男子」という言葉が流行し、軟弱な男性がはびこる今今。漫画、アニメ、映画など草食系男子が
よく知っている作品を題材にしながら、「父性」の意味を考え、父性的存在＝「力強い男性」を
取り戻すヒントを与える。

■著者名　（1行）
樺沢紫苑（かばさわしおん）

■著者プロフィール　（8行）
　精神科医、作家。メルマガ15万部、ツイッター9万人、合計23万人に精神医学・心理学の情報
発信をする。日本第二位の映画メルマガ「映画の精神医学」の発行者であり映画評論家。映画、
アニメ、漫画などサブカルチャーに詳しい。雑誌「安心」（マキノ出版）に映画批評を連載中。
著書「脳内物質仕事術」（マガジンハウス）、「Gmail仕事術」（サンマーク出版）、「一億稼ぐ人の
心理戦術」（中経出版）、「スター・ウォーズ　完全解読本」（三一書房）、他4冊

■読者ターゲット　（3行）
　本書で取り上げる「ONE PIECE」「エヴァ」「龍馬伝」などに興味を持つ20～30代、あるいは
40代男性。いわゆる草食系男子。

■構成案　（7行）
第1章　ピーターパンはなぜフック船長と闘うのか？　海賊の心理学的意味【父性の超越】
第2章　「スター・ウォーズ」のハン・ソロがルークよりも人気がある理由【父性への憧憬】
第3章　なぜ「パイレーツ・オブ・カリビアン」は大ヒットするのか？【父性の普遍性】
第4章　エクソシストの少女は、なぜ「海賊」の夢を見たのか？　【父性と心理的安定】
第5章　「龍馬伝」がブームになった心理学的理由は　【アウトローと父性】
第6章　アニメ「エヴァゲリオン」が根源的な人気を保つ理由　【父性の復権への欲求】
第7章　もう草食系男子とは呼ばせない　【「父性」の獲得】
■類書　テーマ的に近いものとしては「父性の復権」（中公新書）
■仕様　四六判、180ページ　　　■納期　2カ月
```

この企画書を書いてから1年4カ月後に、この企画は『父親はどこへ消えたか　映画で語る現代心理分析』（学芸みらい社）として出版された。
自分専用の「企画書の書式」をつくっておくと、企画がひらめいたときに、すぐに企画書としてまとめられるので便利。

 「書く」よりも
「書くためのネタ探し」に力を注ごう。

56 絵や図を描く
Illustrate

「言葉で説明」よりも「言葉＋絵で説明」

　絵や図を描くなど、「視覚」を使って説明すると、理解しやすく、また何倍も記憶に残りやすくなります。

　ある事柄を説明して、72時間後にどれだけ覚えていたかを調べた実験があります。「口頭で説明」した場合は、10％しか記憶していなかったのに対し、「絵を使いながら説明」した場合は、65％も覚えていました。視覚を使うと、口頭で説明するよりも6倍以上記憶に残るのです。

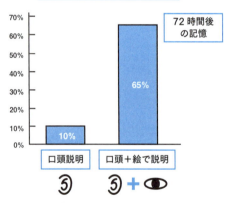

（Mc Graw・Hill, 1983)

　別の研究では、2500枚以上の絵を10秒ほど提示したところ、それらの絵は90％以上の精度で数日間記憶されました。さらに1年後に再検査したところ、なんと63％も記憶されていたのです。

　文字よりも、絵は圧倒的に記憶に残りやすい。インプットが視

覚的であればあるほど認識されやすく、思い出す可能性が高くなる。心理学ではこれを、「画像優位性効果」と呼びます。

視覚情報と記憶の関係

90% — 脳の9割は視覚情報処理

60K — 視覚情報の処理速度は文字情報の6万倍

80% — 記憶の8割は視覚記憶

400% — 視覚情報の活用で、学習効率は4倍になる

　口頭での説明は聴覚情報なので、脳内で文字情報に置き換える必要があり、処理や理解に時間がかかります。

　一方、視覚情報は文字情報とは別の情報処理経路をとり、それは直感的、瞬間的に処理されます。文字情報を処理できるのはヒトだけですが、ほとんどの高等生物は視覚情報の処理ができます。瞬間的に視覚情報を処理できないと、外敵に殺されてしまいます。

　視覚情報処理は、動物的でかつ瞬間的な情報処理なので、処理速度が圧倒的に速い。一方、文字情報の処理は、非常に高度な情報処理で、時間がかかるというわけです。

　ということで、文字情報だけで伝えるよりも、視覚情報を併用したほうが、情報伝達するうえで圧倒的に有利です。人に納得してもらうのに、絵や図を描いてビジュアル的に説明するのは必須の方法といえます。

 説明したい事柄を、図解にしてみよう。

57 メールを送る
Send an E-mail

朝イチのメールチェック＆返信は5分以内

　メールというのは、いまやなくてはならないビジネスツールであり、コミュニケーションツールです。

　一方で、メールの使い方や書き方については、一部の企業研修を除いて、ほとんど人から習うことがありません。明らかに間違った、あるいは非効率なメールの使い方をしている人がたくさんいます。

　メールを上手に使うと、無駄な時間を毎日30分以上減らすことも可能です。メールの上手な使い方について、お伝えします。

（1）始業直後にメール返信しない

　時間術の観点から考えると、ビジネスマンにとっての最大の時間の無駄は、「始業直後のメール返信」だと私は思います。

　1日の中で最も集中力が高い時間帯は「朝」です。この朝の時間帯に、どれだけ集中力が高い仕事をこなせるかで、1日が決まります。

　メールチェックというのは、休み時間にもできる「最も集中力を必要としない仕事」のひとつです。それを朝30分もかけて行うのは、深刻な時間損失と考えられます。

　緊急のメールもありますから、メールチェックをゼロにしろとはいいませんが、朝のメールチェックと返信は5分以内に終わらせましょう。まずは1時間か2時間、集中して仕事をして、その後休憩がてらメールチェックをすればいいのです。

（2）メールチェックはまとめて行う

　ほとんどの人は、メールチェックの回数が多すぎると思います。私は、3時間おきくらい、1日数回でまとめて処理します。30分おき、あるいは15分おきにチェックする人も多いと思いますが、明らかに時間の無駄です。

よっぽどの緊急メールがくることがわかっている場合や、あなたの主要な仕事がメール返信である場合は別として、1日10回以上もメールチェックする必要はないはずです。

（3）メール返信は「今」終わらせる

　メールのチェック回数が多いわりに、なぜかそういう人ほど返信が遅いのです。返信を後回しにするのなら、メールチェックしないほうがましです。

　「あとで返信」は、もう一度メールを開封して読み直す必要があるので2倍時間をとられます。

　同じメールは二度開かない。メールを開いたら、即座に返信して完了することを習慣にしましょう。

（4）確認メールを今すぐに送る

　メールを送っても、返信までに24時間以上かかるようなら、それは相手に「返信が遅い」と思われます。しかし、返信に熟慮を要したり、何か調べないといけないので、すぐに詳細を返信できないということもあるでしょう。

　その場合は、「3日以内に詳細をお送りします」「明日まで検討させてください」「担当の者が帰り次第返信します」といった返信を今すぐ送り、詳細を後日送ります。

メールの上手な使い方

① 始業直後にメール返信しない
② メールチェックはまとめて
③ メール返信は「今」
④ すぐに返事できないものは、今すぐに確認メールを
⑤ 相手の時間を大切にする
⑥ メールとメッセージを使いわける

メールの最大のデメリットは、相手が読んだかどうかわからないということ。確認メールを送れば読んだことがわかり、先方の安心度がまったく違います。

（5）相手の時間を大切にする
　ほとんどの人は、自分のタイミングでメールをチェックして、自分のタイミングでメールを返信します。「相手のタイミング」への配慮が足りません。
　私の場合は、「相手が急いでいるのか？」を意識して、急いでいる場合は最優先で処理します。あるいは、こちらの返信がないと、相手の仕事がスタートできないような場合も、優先度が高くなります。
　「相手の時間を大切にする」ことを意識すると、お互いに気持ちよくメールが使えるはずです。

（6）メールとメッセージを使いわける
　メール以外にも、SNSのメッセージで連絡をするという方法もあります。
　メッセージの場合、開封したかどうか、そして開封した時間もわかるなど、さまざまなメリットがありますが、法人の連絡手段としては使いづらいというデメリットもあります。
　メールとメッセージは、それぞれに長所、短所があるので、それを上手に使いわけて、メールのメリットをいかせる場合はメールを、メッセージのメリットをいかせる場合は、メッセージを使う。メールとメッセージを、臨機応変に使いわけることが重要です。

　多くの人は、メールチェックやメール返信に時間を使いすぎです。最短時間で最大効率、最大のコミュニケーションがとれる、効率重視のメール術を意識したいものです。
　ちなみに私の場合は、メールのチェックと返信にかける時間をすべて合計しても、1日10分以下に収まっています。

メールとメッセージの長所・短所

	メール	メッセージ
コミュニケーション	深まる	ものすごく深まる
法人としての使用	便利	使いづらい
検索機能	秀逸	脆弱
送信相手	ネットユーザー全員	SNS登録者に限られる
到達率	到達しないことがある	100%到達する
開封の確認	わからない	リアルタイムで把握できる
見逃される確率	高い	低い
返信	遅い	ものすごく速い
複数人への連絡	不便	ものすごく便利
挨拶文	必要	不要

それぞれのメリットをいかせば、最短時間でスムーズにコミュニケーションがとれる

 メール開封→即返信で最大効率のコミュニケーションを。

58 楽しく書く
Use Favorite Stationery

自己成長のための「相棒」に、惜しみなく投資を

1日の中で、「書く」時間はどのぐらいあるでしょうか。パソコンやスマホの入力時間を含めると、かなりの時間を「書く」という作業に費やしている人が多いはずです。つまり、「書く」時間を楽しく過ごすことができれば、毎日がハッピーになるのです。

楽しく書くためには、書く内容も重要ですが、「書く道具」にこだわったほうが、簡単でかつ即効性があります。毎日、常に書いている時間が楽しくなります。具体的には、アナログな文房具としてはペンやノート。デジタルの入力ツールであれば、マウスやマウスパッドにこだわるべきです。

たとえば、私の場合、ボールペンは「Surari」（ゼブラ）か「Acroball」（パイロット）の0.7ミリしか使いません。サラサラ、スラスラと書ける「Surari」を中心に使いつつ、筆圧を強めに、それでいてサラサラ書きたいときは「Acroball」を使います。

なぜこの2種類になったかというと、大きな文房具店（ロフト）に行って、店にある全種類のボールペンを試し書きし、徹底的に書き比べた結果、自分にとって「水性ボールペン」よりは、「油性ボールペン」、その中でも「Surari」と「Acroball」、さらに太さとしては、0.5でも1.0でもなく0.7がいい、という結論に達したからです。

考える速度と同じスピードでスラスラと書ける快感。自分のお気に入りのボールペンを使って書いている瞬間は、実に「快適」「楽しい」「爽快」で、仕事もアイデア出しも猛烈にはかどるのです。

人間が、「楽しい」と感じた瞬間には、幸福物質、ドーパミンが分泌されます。ドーパミンは集中力を高め、記憶力、学習能力、作業遂行能力を高めますので、お気に入りのボールペンを使うと「仕事がはかどる」というのは、脳科学的にも正しいのです。

100円ショップで買った5本入り100円のボールペンでも「書く」機能は同じですが、「最高に楽しい気分」で仕事ができるか

どうか。それによる効率アップを考えると、数百円の「お気に入りのボールペン」を使うのは、とても有益な投資だと思います。

ちなみに、ノートは「MD ノートライト　A4 変形判、方眼罫」（ミドリ）を使用しています。

マウスに関しては、ロジクールの「WIRELESS MOUSE M325T」（ダスティローズ）を使っています。これも、ヨドバシカメラに行って、すべてのワイヤレスマウスを実際に試用してみて、軽さ、なめらかさ、クリックした感覚など、自分にとってベストなマウスを徹底選考しました。その結果、このマウスが自分にとってベストと判断したので、ずっと使い続けています。現在のもので3個目なので、同一機種で6年近く使っています。

マウスパッドに関しては、私の最も好きな絵画ブリューゲルの「バベルの塔」のデザインのものを使っています。カフェで仕事をするときも、必ず同じマウス、マウスパッドを持ち歩き、いつも同じ入力環境、入力感覚で快適に仕事をしています。

自分にとって「最高の文房具」「最高の入力ツール」を探す。そして、それを使って、毎日楽しく書く。ぜひ、試してほしいと思います。

樺沢お気に入りの
文房具＆入力ツール

「たかが文房具」とあなどらず、
お気に入りを見つけておこう。

CHAPTER3 WRITE

59 問題を解く
Solve a Problem

「暗記」3：「問題集」7が勉強の黄金比

　受験生に限らず、社会人になっても昇進試験、資格試験、国家試験など、各種試験を受験する機会は多いと思います。忙しい社会人は、できるだけ短時間で効率的に勉強して、最大の結果を出したいものです。

　あなたは試験のとき、教科書派ですか？　それとも、問題集派ですか？　教科書中心、暗記中心の勉強をするのか、それとも問題集や模擬テストなど実践的な勉強をするのか。どちらの勉強が、より効率的に記憶できるのでしょうか。

　ワシントン大学の研究では、学生に40個のスワヒリ語の単語を暗記してもらう実験を行いました。

　入力（記憶）に関して「全問」を記憶し直すのと、「ミスした問のみ」記憶し直すパターン。出力（確認テスト）に関して「全問」をテストするのと、「ミスした問のみ」テストするパターン。この組み合わせを4つのグループにわけ、単語を記憶してもらいました。

記憶で重要なのは入力 or 出力？

脳は「入力」より「出力」で覚える

1回目：40個の単語を暗記し、確認テスト
　　　（全グループ同じ）
2回目以降：グループ別で繰り返し

	記憶（＝入力）	確認テスト（＝出力）	1週間後再テスト
グループ1	全問	全問	80点
グループ2	ミスした問のみ	全問	80点
グループ3	全問	ミスした問のみ	35点
グループ4	ミスした問のみ	ミスした問のみ	35点

出力を重視したグループが好成績

結果は、入力方法の差では違いはなく、出力で常に全問をテストしたグループが高得点をとったのです。
　つまり、記憶においては、インプットよりもアウトプットが重要。できるだけたくさんの「問題を解く」ということが、記憶に残すためには重要であることが明らかになりました。
　教科書や参考書を読むというのは、インプットです。問題集を解く、過去問を解く、模擬試験を受けるというのは、アウトプットです。ただ、教科書を反復して暗記するだけでは、記憶には残りません。問題を解く＝「知識を使う」ことで、脳は記憶に残そうとするのです。

　インプットとアウトプットの黄金比は、3対7です。短時間で教科書を暗記し、その倍の時間を、問題を解くことに振り向ける。これが最も効果的な記憶法、勉強法といえます。

インプットとアウトプットの黄金比は3:7

 間違えてもいいから、どんどん問題を解いていこう。

THE POWER OF OUTPUT

CHAPTER4
圧倒的に結果を出す人の行動力

DO

CHAPTER4 DO

60 行動する
Take Action

「自己満足」を「自己成長」に変える

インプットは、「読む、聞く」。アウトプットは、「話す、書く」。インプットとアウトプット、そしてフィードバックを繰り返すと自己成長をするということをお伝えしました。

実は、ここにもうひとつ重要な要素が加わります。それが、「行動する」。英語でいうと、「DO」です。この本では、「話す、書く」以外のすべてのアウトプットを「行動する（DO）」という言葉で表現しています。

つまり、「気付き」を得て「TO DO（すべきこと）」がわかったら、その「TO DO」を始め、そして続けていく。「行動する」ことなしに、自己成長は絶対にできません。

たとえば、「運動」についての本を読みます（インプット）。そこに、「週2時間の有酸素運動で認知症の発症率が3分の1に減る」と書かれていたとします。つまり、得られた気付きは「週2時間の有酸素運動で認知症を予防できる」。「TO DO」は「週に2時間の有酸素運動をする」で、まずその「気付き」と「TO DO」をノートに書き留めますが、そこで終わってしまう人が多いのです。

「週に2時間の有酸素運動をする」と100回ノートに書いたところで、実際に運動をしないのであれば、認知症の予防効果は微塵も得られないのです。当たり前の話です。

しかし、本を読んで、さまざまな気付きを得ながら、実際には何もしない。昨日までの行動と変わらない人がほとんどです。

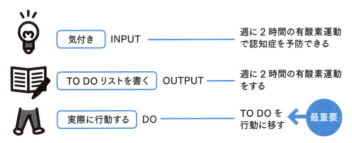

昨日までの行動と、今日の行動に変化がある。これが自己成長です。

　「週2時間の有酸素運動で認知症を予防できる」ということを知っていても行動しないのなら、行動の変化はゼロであり、自己成長もゼロです。多少は賢くなっているかもしれませんが、行動が変わらなければ、現実世界は何ひとつ変わりません。「**自己成長**」ではなく、「**自己満足**」しているだけです。

　読書や勉強をしても「行動する」ところまでいけない。ほとんどの人がそうで、自己満足のためだけに勉強している。それは単に、お金と時間の無駄使いにすぎません。

　せっかく「気付き」や「TO DO」を得たなら、それを行動に移し、現実を変えて、自己成長していくべきです。その「行動する」ための具体的なノウハウについて、本章でお伝えしていきます。

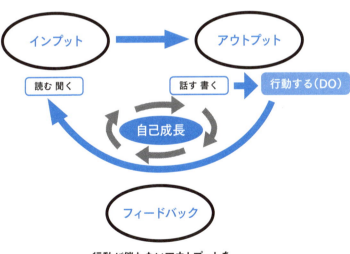

**行動が伴わないアウトプットを
どれだけしても自己成長はない**

 「賢くなりたい」のではなく「変わりたい」なら行動あるのみ。

CHAPTER4 DO

61 続ける
Continue

結果を出すための究極の成功法則

　ビジネスにおける究極の成功法則をひとつ挙げるとしたら、それは「続ける」ことです。とにかく、続けないと結果は出ません。ビジネス、勉強、スポーツ、趣味、恋愛。3カ月も続けられないとすれば、目立った結果、成果を得ることは不可能です。

　とはいえ、「続ける」のが苦手な人は多いのではないでしょうか。

　私は続けることが得意です。メルマガ毎日発行、13年。Facebook毎日更新、8年。YouTube毎日更新、5年。加圧トレーニング（毎週）、8年。月1回のまったく新しい内容でのセミナー開催、9年連続。年2冊以上の出版10年連続、といった具合に、毎日、毎週、毎月、毎年いろいろなことを継続しています。

　「続ける」ことが非常に得意な私が日々行っている、「続ける」ための「5つの極意」を教えます。

（1）「今日やる」ことだけを考える

　私は、メルマガを（ほぼ）毎日、13年間発行しています。しかし、始めたときは、13年も続くとは思いませんでした。「楽しいから、今日もメルマガを発行しよう」という積み重ねにすぎません。

　私にも、体調が悪くて、「スポーツジムに行きたくない」という日もあります。しかし、「とりあえず、行くだけ行こう」「まずは、5分だけやろう」と自分を励まします。実際にジムに行き、5分経つと調子が上がってきて、30分、いや1時間がすぎているということがよくあります。

　先のことを考えれば考えるほど、「続ける」ことに対してブレーキがかかります。「今日」「今」やることだけを考えるのです。

（2）楽しみながら実行する

　テレビやゲームは、なんの努力もしないのに、毎日続けることができます。それは、楽しいからです。「楽しい」とドーパミン

が出ます。「楽しい」と思えば、努力しなくても、がんばらなくても、自然に長く続けられるのです。

逆に「楽しくない」「つらい」「苦しい」と、ストレスホルモンが分泌します。ストレスホルモンは、意欲を低下させて、その行動をやめさせようとします。ですから、「つらい」ことを長く続けることは不可能です。仮に、無理して続けると病気になります。

ですから、「続けたいことを楽しむ」だけで、継続することができます。つまり、「楽しさを発見する」必要があります。

(3) 目標を細分化する

「10キロダイエットする！」という目標を立てた瞬間、脳は過去の経験と照らし合わせて「無理」と判断します。ですから、ドーパミンは出ません。

しかし、「1カ月で1キロのダイエット！」だとどうでしょう。がんばればできそうです。そんな「ちょい難」課題に挑むときに、ドーパミンが最大で分泌されます。

「目標を大きく持て！」といわれますが、それだけではダメです。「大きな目標」を細分化して「小目標」にするだけで、継続可能性、実現可能性が大幅にアップします。

「続ける人」になるための5つの極意

たとえば私の場合ですと、「1カ月で本1冊を書き上げる」という大目標は、「1日10ページ、本を執筆する」という「小目標」に置き換えられます。1日10ページずつ執筆すると1カ月で本が書き上がるので結局同じことですが、「小目標」にすることで進捗、達成度が管理しやすくなり、モチベーションもアップするのです。

(4) 結果を記録する

何か目標を達成したい場合は、毎日、記録をつけることをおすすめします。

私の場合、「YouTubeのフォロワー数」を毎朝、必ず記録してエクセルで管理しています。

朝、パソコンを立ち上げて、「YouTubeのフォロワー数」を確認する。昨日と比べてフォロワーが増えていると、「今日も、YouTubeの発信をがんばろう!」とモチベーションが上がります。

目標達成までの進捗を記録する。それだけでドーパミンが出やすくなり、圧倒的に「継続」しやすくなります。

(5) 結果が出たらご褒美をあげる

目標を達成したときご褒美がもらえると、さらにドーパミンが分泌されます。毎日の小目標ではいいとしても、中目標、大目標を達成したときには、ご褒美をあげるべきです。

私の場合は、「本の1章を書き上げたとき」「1日に20ページ書いたとき」などは、「自分へのご褒美」として、少し高級なウイスキーを家で飲んだりします。本を1冊書き上げたときには、海外旅行に行きます。

日にち	時刻	フォロワー数	増加数
2018/3/1	1029	40220	152
2018/3/2	1121	40509	289
2018/3/3	805	40676	167
2018/3/4	849	41018	342
2018/3/5	825	41388	370
2018/3/6	934	41756	368
2018/3/7	1025	41953	197

YouTubeフォロワーの増加数(エクセルにて管理)

ドーパミンというモチベーションの「ガソリン」をいかにして補充するかが、「続ける」ためには重要です。

歯を食いしばって、死ぬ気でがんばってもドーパミンはまったく出ませんので、続けるためには逆効果です。楽しみながら、今日1日の小目標に取り組む。その積み上げが、結局「継続」につながっていくのです。

ドーパミンと報酬系

ドーパミン分泌
ワクワク感
→ モチベーション↑
「がんばるぞ！」
↓「行動」する
目標達成
↓
ドーパミン分泌
ワクワク感
快感　幸福感
←「行動」と「快感」が結合
さらに快感を求める
モチベーション↑
「次も、がんばるぞ！」
→ 目標達成

参考／『脳を最適化すれば能力は2倍になる』(樺沢紫苑著、文響社)

ドーパミンを補給しよう

ドーパミンは、目標達成のガソリン。上手に補給すれば、どこまでも行ける！

「ちょい難目標」を達成したときのご褒美を決めておこう。

CHAPTER4 DO

62 教える 1
Teach

自己成長に最も効果のあるアウトプット

　本書では、80個のアウトプット法をお伝えしていますが、これらの中で最も自己成長につながる「最強のアウトプット法」をひとつだけ挙げると、それは「教える」ことです。

　アメリカ国立訓練研究所の研究によって導き出された、学習定着率をあらわす「ラーニング・ピラミッド（Learning Pyramid）」があります。

　人が何かを学ぶ場合、どれだけ記憶に残りやすいのか、どれだけ定着するのかを方法別に調べたところ、効果が低いほうから順に「講義を受ける、人の話を聞く」「読む」「視聴覚教材を使う」「実験機材を使う」「グループ討論」「体験型学習」、そして最も効果が高いのが「他人に教える」という結果になっています。人に「教える」のがいちばん学びの効果が高いのです。

　ロンドン大学の興味深い研究があります。あるものを暗記してもらう実験で、最初のグループには、「これが終わったあとにテ

ラーニング・ピラミッド

	平均記憶率
講義	5%
読む	10%
視聴覚教材	20%
実験機材	30%
グループ討論	50%
体験を通した学習	75%
他人に教えた経験	90%

（アメリカ国立訓練研究所の研究より）

ストをしますので、暗記してください」と言います。もうひとつのグループには、「これが終わったあとに他の人に教えてもらいますので、ちゃんと記憶しておいてください」と言います。

同じ時間をかけて暗記してもらった結果、両方のグループに同じテストをしました。結局、「教える」ことはしませんでしたが、「教えてもらいます」と伝えたグループのほうが高い得点をとったのです。

人に教えることを前提に勉強するだけで、記憶力がアップして学びの効果が上がるということです。

人に教えた経験がある人はわかると思いますが、しっかり理解していないと、人に教えることはできません。つまり、教えることで、自分の理解度や不十分な点が明確に見えてきます。そして、実際に「教える」日までしっかり勉強して、その不十分な部分を補います。

つまり、「教える」はアウトプットであり、フィードバックであり、さらなるインプットでもある。自己成長の3ステップをすべて含んだ、三位一体、完全、最強のアウトプット術であり、自己成長術であるといえるのです。

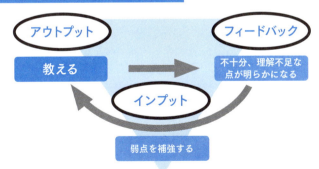

「教える」は最強のアウトプット術

 何かを習得したければ、「人に説明できる」レベルを目指そう。

CHAPTER4 DO

63 教える2
Teach

探せば見つかり、ないならつくればいい

　人に「教える」ことで、自己成長が加速することがわかりました。では、具体的にどのような場面で、どのように「教える」ことをスタートしていけばいいのでしょう。

（1）個人的に教える、友達同士で教え合う
　よくカフェで高校生が勉強を教え合っているのを見かけますが、これは極めて効果的な勉強法です。教科書を読むよりも、問題集を解くよりもはるかに効果的です。
　自分の得意な分野を教えて、不得意な分野を教えてもらう。友人や同僚同士で、すぐにでも始められるはずです。
　社内で自分の得意分野を人に教えることに、「自分の優位性が失われる」という理由で消極的な人もいますが、実際は逆です。人に教えることで、さらにその分野について自分が詳しくなり成長しますから、人に教えるほど自分の優位性が高まります。

（2）講師を引き受ける
　社内で中堅以上のポジションになると「○○について話してくれないか？」と、社内の勉強会などの講師を頼まれることがあります。多くの人は、「私はまだ不勉強なので」と断ろうとしますが、「不勉強」だからこそ、積極的に講師を引き受けるべきです。
　講師をする、つまり人に教えることによって、自分の知識が整理され、不十分な点が補強される、大きく成長できる。また、講師は自分の知識や経験をアピールできる絶好のチャンスです。講師のチャンスがきたら断らずに、積極的に引き受けるべきです。

（3）勉強会や研究会に参加する、立ち上げる
　とはいえ、講師の依頼を受けるチャンスは、毎月のように巡ってくるものではありません。さらに「教える」機会を増やすために、

社内や社外の勉強会、研究会に参加するのもいいでしょう。そうした勉強会では、参加者が講師を持ち回りで行うことが多いため、講師をする機会、人に「教える」機会は格段に増えます。

もし自分の周りに適当な勉強会、研究会がない場合は、あなた自身が主催者となって立ち上げるという手もあります。

（4）プロ講師になる（お金をもらって人に教える）

法人、商工会議所、各種団体から講師依頼がくるレベルになれば最高です。

セミナーでいちばん勉強になり、成長するのは誰でしょうか。それは、受講生、参加者ではありません。いちばん成長するのは、間違いなく講師なのです。

私は自分が主催する「ウェブ心理塾」という勉強会で、2009年より毎月、まったく違った内容のセミナーを100回以上続けています。

正直、ネタ集めからセミナーの準備まで大変です。しかし、なぜそれをするのかというと、圧倒的に自己成長できるから。結果として、年2～3冊まったく違った題材の本を出版し続けています。

自己成長は「教える」場数に比例する

 教わる人より、教える人がいちばん得。
自己成長の絶好のチャンス。

CHAPTER4 DO

64 集中する
Concentrate on One Thing

人間の脳は「マルチタスク」ができない

　人間の脳は、計り知れないポテンシャルを持っている。これはまったく正しいと思います。

　ある研究によると、脳の記憶容量をコンピューターの理論で擬似的に算出したところ、17.5テラバイトという数字が導かれました。「ウィキペディア」の情報総量は約1テラバイトですから、人間の脳は「ウィキペディア」約17個分の情報を記憶できると考えれば、実にすごい記憶力です。

　一方で、人間の脳が同時に処理できる情報量はものすごく少ないことがわかっています。3個の情報を同時に処理しようとしただけで、脳の作業領域「ワーキングメモリ」は満杯になってしまいます。

　いうなれば20年前のパソコン。ソフトを3つ同時に立ち上げるとパソコンの処理速度が猛烈に遅くなって、4つ目のソフトを立ち上げた瞬間にはフリーズする。そんなイメージです。

　人間の脳はパソコンでいうと、ハードディスクの量はものすごくあるのに、メモリの量は非常に乏しい。ですから、この少ないメモリを大切に使わないと、アウトプットの作業効率が、極めて低下してしまいます。

　同時に複数の仕事をこなすことを「マルチタスク」といいます。マルチタスクとは、「仕事に関するメールを打ちながら、大切な得意先との電話連絡をする」「企画書を作成しながら、部下からプロジェクトの進捗報告を聞く」などの行為です。最近の脳科学研究では、人間の脳はマルチタスクができない、ということが明らかにされています。

　たとえば「ながら勉強」。テレビを見ながら、宿題するという場合。この場合、「テレビを見る」と「宿題する」という行為を同時進行しているわけではなく、すさまじいスピードで2つのタ

スク処理を切り替えているにすぎないのです。脳の中では、「切り替え」を何度も行っているので、脳に猛烈な負荷がかかるとともに、脳の処理能力も低下します。

ある研究では、マルチタスクによってひとつの課題に集中してあたれない場合、その課題を完了するのに時間が50％も余分にかかることがわかりました。

またそれだけではなく、間違いをする率も、最大50％も高くなりました。別の研究では、2つの似たような作業を同時に行わせた場合、効率は80〜95％も低下しました。

マルチタスクをする場合、2つのことを別々にやるよりも時間がかかってしまうのです。さらに間違いやミスをする率も1.5倍に跳ね上がるのです。

ということで、「マルチタスク」は絶対にやってはいけない仕事術です。とにかく、目前のひとつのことに集中してアウトプットするのが、最も効果的なアウトプット法といえます。

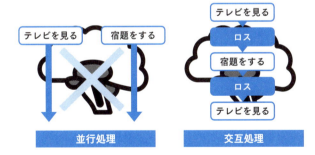

脳はマルチタスクができない

あれもこれもと欲張らず、
一点突破しよう。

CHAPTER4 DO

65 チャレンジする 1
Challenge Yourself

チャレンジなくして自己成長はなし

「新しいことに挑戦するのが怖い。チャレンジして失敗のリスクをとるくらいなら、今のままの安定がいい」と考える人は多いかもしれません。もしあなたが、そう考えているとしたら、今すぐその考えは変えたほうがいいでしょう。

なぜならば、チャレンジのないところに自己成長はないからです。チャレンジするから、初めて自己成長が起きるのです。

新しいことにチャレンジすると、脳内物質・ドーパミンが出ます。ドーパミンは「楽しい」という感情を引き起こす幸福物質ですが、同時に「新しいことを学習する」ことをサポートする学習物質でもあります。

ドーパミンが分泌されると、集中力が高まり、やる気も高まり、記憶力が高まり、学習機能が高まります。結果として、効率的な学習が行われて、自己成長が引き起こされます。

いや、チャレンジしても楽しくない。恐れ、不安、恐怖のほうが強い、という人も多いでしょう。その理由は、「危険領域」にまでチャレンジしているからです。

たとえば、普段まったく運動しない人が「山登りにチャレンジしたい！」と思って、いきなり富士山登山をしたら……。ケガをするかもしれないし、体力が続かず途中で挫折するのがオチです。まずは、高尾山くらいから登り始めて、登山に慣れていく必要があります。つまり、高尾山は「学習領域」で、富士山は「危険領域」になります。

あまりにも無謀なこと、高すぎる目標、難易度の高い課題に挑戦すると「危険領域」に突入してしまいます。そこでは、ノルアドレナリンが過剰に分泌し、不安と恐怖も高まり、やめたい、逃げ出したい衝動にかられるのです。

つまり、「チャレンジが怖い」という人は、「学習領域」を越えて「危険領域」に突入してしまっているから。目標や難易度が高すぎるので、もう少し下げたほうがいいのです。

実現可能で少しがんばれば達成できる「プチ目標」を上手に設定すると、ドーパミンを分泌させながら、また楽しみながらチャレンジをして、自己成長していくことができるのです。

チャレンジするのが怖い理由

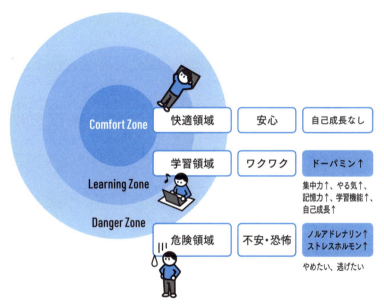

 無謀な挑戦は逆効果。
楽しいと思える「プチ目標」を設定しよう。

CHAPTER4 DO

66 チャレンジする 2
Push Yourself

「がんばればなんとかなりそう」を繰り返す

　テレビゲームをする場合、すぐにクリアできてしまう簡単なゲームや、何度挑戦しても一瞬で即死してしまうような難しすぎるゲームは、ちっともおもしろくありません。

　適度に難しく、試行錯誤し、いろいろ工夫しながら、なんとかクリアできる難易度。「ちょっと難しい」けれど、「ものすごく難しい」わけではない。「ちょい難」くらいの難易度が、いちばんおもしろくプレイできるのではないでしょうか。

　難易度とドーパミンの関係でいうと、難しすぎても簡単すぎてもドーパミンは出ません。がんばればなんとかなりそうだ、そんな**「ちょい難」の難易度の課題にチャレンジするとき、ドーパミンが最も分泌する**のです。

　ドーパミンが分泌するということは、集中力、記憶力、学習能力が高まり、自己成長が最も進むということ。つまり、何かにチャレンジする場合は、いきなり難しいことに挑戦するのではなく、「ちょい難」の課題にチャレンジすることで自己成長していきましょう。3段階くらいにわけて、少しずつ難しい課題に挑戦して

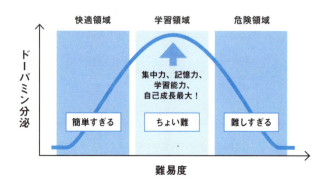

いくことで、徐々に自分が成長、レベルアップできるので、結果として大きな課題をクリアすることができるのです。中学・高校で使う問題集が、「基礎／応用」「初級／中級／上級」と数段階に難易度がわけられているのも、そうした理由です。

チャレンジを恐れる人は、いきなり難しい課題に挑戦しすぎなのです。3段飛びのホップ、ステップ、ジャンプのように、「ちょい難」課題を数回クリアし、少しずつハードルを高くしていくことで自己成長は最大化し、結果として最速で難しい課題をクリアすることができるのです。

いきなり難易度高すぎない？

「ちょい難」課題でドーパミンが出る

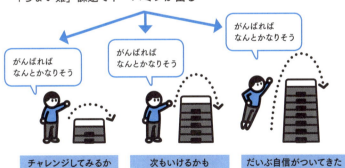

> ハードルは、「いきなり」ではなく
> 「徐々に」高く。

CHAPTER4 DO

67 始める
Get Started

5分だけがんばって「やる気スイッチ」オン

「なかなか仕事が始められない」「なかなか勉強がスタートできない」という人は多いと思います。「やる気」が出てから仕事や勉強を始めようと思っていると、いつまで経っても「やる気」は出ないものです。

仕事や勉強を瞬時に始める方法があると、あなたの仕事や勉強はものすごくはかどるに違いありません。そんな夢のような方法が、あります。

それは、「まず始める」ことです。「なかなか始められないから悩んでいるのに！」とツッコミが入りそうですが、残念ながら「まず始める」しかないのです。

冬の寒い日に、車のエンジンを暖める場合、どうしますか？ エンジンをかけて、暖機運転、つまりアイドリングをするとエンジンは暖まり、数分でエンジンの調子が上がってきます。車のエンジンをかけない限り、エンジンが暖まることはあり得ません。これとまったく同じことが、脳でもいえるのです。

クレペリン検査で有名な精神科医のクレペリンは、「作業を始めてみると、だんだん気分が盛り上がってきてやる気が出てくる」ことを、「作業興奮」と呼びました。今から100年ほど前の話ですが、最近の脳科学では「作業興奮」のメカニズムが判明しています。

脳に「側坐核」という部位があります。脳のほぼ真ん中あたりに左右対象に存在するリンゴの種ほどの小さな部位です。この側坐核の神経細胞が活動すると、海馬と前頭前野に信号を送り、「やる気」が出て、脳の調子が上がっていきます。しかし、側坐核の神経細胞は、「ある程度の強さ」の刺激がこないと活動を始めません。その必要時間はたったの5分です。

側坐核は脳の「やる気スイッチ」です。「とりあえず作業を始

める」ことで、やる気スイッチがオンになって、側坐核が自己興奮して本格的な「やる気」が出るのです。

ですから、やる気を出したいときは、「まず始める」しかないのです。「やるぞ！」と宣言して、簡単な作業からスタート。まず、5分だけがんばりましょう。

やる気スイッチをONにする方法

 **まずは机の前に5分座ろう。
やる気はあとからついてくる。**

CHAPTER4 DO

68 やってみる
Give It a Try

トライしなければ、永久に今のまま

　何かを「やってみたら」というと、「失敗したらどうする？」「失敗したくないから」という答えが返ってきます。失敗を恐れるあまり、新しいことにチャレンジするのに臆病になっている人がたくさんいます。

　インタビューでよく「樺沢さんの人生で最大の失敗はなんですか？」と聞かれます。私の答えは決まっています。「私の人生で失敗したことは一度もありません」。
　「失敗したことがないなんて嘘だ」と思うかもしれませんが、実際に「失敗した」と後悔することはありません。何より、今「生きている」ということが、大きな失敗をしていない証拠です。「ゲームオーバー」ではない。今もゲームは継続中なのです。
　「エラー」というコインを 10 個集めると、次のステージに進める。人生がそんなゲームだとしたら、自己成長して次のステージに進むのは、実に簡単なことです。たくさんトライして、エラーのコインを稼げばいいだけ。
　しかし、現実の世界では、多くの人は新しいことに「トライ」しないので、「エラー」のコインは、まったく増えないのです。ですから、いつまでも今のまま。成長もしないし、何か楽しいことも起きないし、恋人もできないし、収入も増えない。
　この世の中に「失敗」なんか存在しません。「うまくいかないこと」「不本意な結果」は、「失敗」ではなく、すべて「エラー」なのです。
　エラーの原因を調べ、エラーの原因に対策をして、再挑戦すればいいだけの話。エラーに対するフィードバックを繰り返せば、そのステージはクリアして、次のステージに進めるのです。

　失敗を恐れて新しいことにまったく挑戦しない人。エラーを恐

れず、トライの回数を増やす人。どちらが自己成長できると思いますか？

あなたの考え方を少し切り替えるだけで、「失敗」など存在しない、トライ＆エラーで自己成長を繰り返す楽しい世界に生きることが可能になります。

どちらが成長するでしょうか？

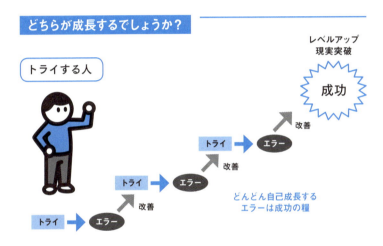

 エラーは成功の糧。
恐れることなく、どんどんトライ。

CHAPTER4 DO

69 楽しむ
Have Fun

「楽しい」と記憶力とモチベーションがアップ

　成績の悪い子どもは、なぜ成績が悪いのかご存じでしょうか？ 元々の頭の良し悪しは関係ありません。その理由は「勉強が嫌いだから」。勉強が嫌いなので、嫌々勉強しているのです。

　「楽しい」と記憶力とモチベーションがアップし、「嫌々やる」と記憶力とモチベーションは大幅に低下します。ですから勉強を嫌々やっている限り、成績がよくなることはあり得ないのです。

　同じ時間、同じ勉強をしたとしても、「楽しい」か「嫌々」かで、その学習効率はまったく変わってきます。

　大阪大学の研究では、文章を音読しながら、所定の単語を記憶してもらう実験をしたところ、記憶すべき単語が「ポジティブな言葉」の再生率は高く、「ネガティブな言葉」の再生率は低くなりました。気分がポジティブかネガティブかによって、記憶力は変わってくるのです。

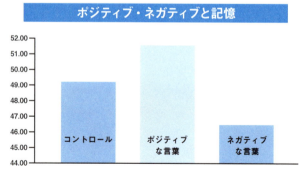

ポジティブ・ネガティブと記憶

情動リーディングスパンテストの成績

参考／『もの忘れの脳科学』（苧阪満里子著、講談社）

「楽しい」と、脳内物質である「ドーパミン」が出ます。ドーパミンは幸福物質であり、集中力、モチベーション、学習能力を高める物質です。一言でいうと「頭がよくなる物質」です。

　「嫌々」やると、ストレスホルモン「コルチゾール」が出ます。コルチゾールというのは、記憶力を低下させる物質です。嫌な出来事を忘れさせる物質、と考えるとわかりやすいでしょう。コルチゾールの高値が続くと、海馬の容積が小さくなる（脳細胞が死ぬ）こともわかっています。

　ですから、嫌々、仕事や勉強に取り組むと、その効率は著しく低下し、結果も惨憺たるものになるのです。仕事や勉強を「楽しい」と思ってやるのか、「嫌々」「苦しい」「やらされ感を持ってやる」のかによって、脳は180度違った反応をとるのです。「楽しい」と猛烈にアクセルを踏み、「苦しい」とブレーキを踏みます。

　同じアウトプットをするのなら、楽しみながらやることで、その効果は最大化します。

心理状態とモチベーション

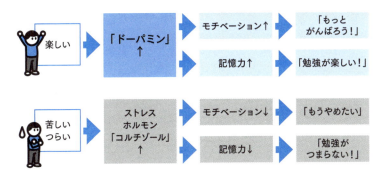

 どんな仕事でも自分なりの「楽しい」ポイントを見つけよう。

CHAPTER4 DO

70 決断する
Make a Decision

「ワクワクするほう」を「5秒で」選ぶ

「優柔不断でなかなか決断できない」「あれこれ迷ってしまう」「最後に、判断を変えたくなる」という人は多いと思います。

「決断する」のは大変なことではありますが、「ファーストチェス理論」を知っていると、迅速な決断をしやすくなります。

プロのチェスプレイヤーにチェスの盤面を見せて、5秒で「次の手」を決めてもらいます。その後30分かけてじっくり考えてもらい、30分後に改めて「次の手」を決めてもらいます。その結果、「最初の手」と「30分考えた手」は、86％一致したのです。

直感的に思い浮かんだ判断、つまり最初の判断というのは、かなり正しい。長く考えても、「判断」は大きく変わらないということです。

ただし、この場合注意すべきは、プロのチェスプレイヤーを対象にした研究であるという点。つまり、経験や知識が十分にあるということ、自分の専門領域、熟練した領域での判断ということになります。新入社員が5秒で下した決断は、正しいとは限らないでしょう。

チェスの名人を対象とした研究

5秒で考えた手と、30分かけて考えた手は、86％が同じだった

十分な経験がある人の場合、5秒で考えた判断は正しい

決断は5秒でしなさいといわれても、多くの人は迷うと思います。私は判断に迷った場合、さらに2つの判断基準で決断するようにしています。ひとつは「ワクワクするほうを選ぶ」こと。打算で考えないということです。

「ワクワクする」というのは、あなたの潜在意識が望んでいる、ということ。また、「ワクワクする」ときはドーパミンが出ていて脳のパフォーマンスがアップするので、成功する確率が高いのです。

2つ目の条件は、迷ったら「最初に思いついたほうを優先する」ということ。最初に思いついたアイデアが、あなたの「直感」であり「本能」に根ざしています。「心の声」といってもいい。あとから出てくる考えは、「やっぱり、〇〇したほうがいいかも」という考え。たいてい打算的であり、常識的、こぢんまりとした正論です。

たとえば、「夏休みにハワイに行きたい！ でも、お金がかかるしなあ」と考える人は多いでしょう。「ハワイに行きたい！」はワクワクした直感で、「お金がかかる」は打算的な考えです。どちらに従ったほうが、楽しい人生になりますか？ ワクワクする直感に根ざして行動し、ワクワクする人生を生きるのか。打算にとらわれた、平凡でつまらない人生を生きるのか……。

直感を信じて5秒でワクワクするものを選ぶほうが、人生が楽しくなることは間違いないでしょう。

樺沢流決断術

 5秒で決断する

 ワクワクするほうを選ぶ

 最初に思いついたほうを選ぶ

 自分の直感を信じて、「ワクワクする」決断をしよう。

CHAPTER4 DO

71 (言葉で) 表現する
Express in Words

つらさや苦しさは、吐き出してデトックス

　日本人は、「我慢する」のが好きです。日本人の美徳でもありますが、我慢のしすぎはストレスをため、精神的にもマイナスの影響を及ぼします。
　「苦しい」「つらい」といった思いを打ち明け、言葉で表現することは、「癒やし」の効果につながります。

　たとえば、子どもが注射されるときに、「痛い、痛い、痛い」と大きな声を出して騒ぎますが、この「痛い」と表現することに非常に大きな意味があるのです。
　ある心理実験では、Aグループは、注射するときに「痛い、痛い、痛い」と言って注射され、Bグループは、注射されるときに何もいわずにジッと我慢しました。
　終了後に注射の痛みを数値で評価してもらいました。そうすると、「痛い痛い」と言ったAグループは、痛みを我慢したBグループと比べて、痛みが5分の1にも緩和されたのです。ただ「痛い」と表現するだけで、「痛み」のストレスが大幅にやわらいだのです。

「痛い」と表現するだけで、「痛み」のストレスはやわらぐ

また、ワシントンのがん医療センターで、末期がん患者に対して行われた筆記エクササイズについての研究があります。

筆記エクササイズは、20分という決められた時間で、「がんが自分たちの何を変えるのか、そしてその変わったことに対して自分はどう思うのか」を記述するという簡単なものです。

結果、筆記エクササイズ参加者の49％が「病気に対する考え方が変わった」と答え、38％が「今の病気の状態に対する気持ちが変わった」と答えました。特に、若い患者、そして最近がんと診断された患者に、高い効果が認められました。

文章や言葉で「表現する」だけで、自分のつらさ、苦しさ、痛みなどが軽減するのです。

具体的には、人に相談する。あるいは、自分ひとりでする方法としては、ノートに自分の思い、苦しさ、つらさを書き殴る。できれば、日記をつける。

毎日、日記に自分の心のうちを表現することで、心の毒を排出することができるのです。

思いのたけを言葉で表現する

人に相談しなくても、
ノートに書くだけで
心のデトックスに

・つらいこと
・苦しいこと
・痛み

 つらいこと、苦しいことは、
秘密のノートに思いきり書き殴ろう。

CHAPTER4 圧倒的に結果を出す人の行動力

CHAPTER4 DO

72 完成させる
Complete

「30点の完成品」を、時間をかけて磨き上げる

　書類や原稿など、締切がある仕事を期日までに完成させられないという人は多いはずです。あるいは、レベルの高いものをつくろうと気合が入るほど手がつけられない、スタートできないという人も多いでしょう。

　私の友人で、「出版が決まった！」という人がたくさんいますが、みなさん初めての原稿を書く場合、毎日ブログを書いている文章が上手な人でも、「最初の10ページすら書けない」という方が多いのです。なぜでしょう？

　その理由は、「100点を目指して」素晴らしい原稿を書こうとするからです。新人作家のみなさんは、「せっかく本を書くのだから、最高の本をつくりたい！」と意欲満々で臨みます。その結果、原稿用紙で1日数ページも書けないのです。

　私は、「30点を目指して」原稿を書き始めます。「30点とは、さすがに意識低すぎだろう」とツッコミが入りそうですが、これはまぎれもない事実です。

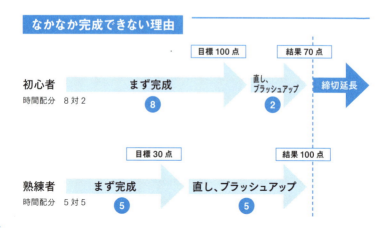

なかなか完成できない理由

正確にいうと、「30点の出来で、とりあえず最後まで書き上げる」ことが重要。とにかく、文章の質は別として、「最後まで完成させる」ことが重要です。最後まで書き上げたら、次は印刷して加筆修正する。つまり「直し」の作業に入ります。

　1回目の直しで、30点から50点になります。2回目の直しで、50点を70点の出来へと磨き上げます。そして、3回目の直しで70点を90点にして、最後に締切までの時間を使って、100点を目指します。とりあえず通しで書いて、「直し」「ブラッシュアップ」に時間をかける。その比率は、5対5です。

　最初から100点を目指す人は、通しでできあがるまでに膨大な時間がかかり、「直し」の時間が減ってしまいます。その比率は、8対2くらい。「直し」に時間がとれないので、結果としてレベルの低いものができあがる、という残念な結果になります。

　企画書、報告書、原稿、講演のスライド、どれも同じです。とりあえず、30点のレベルでいいので、「通し」で最後まで完成させる。「直し」に十分な時間をとることで、レベルの高いものが完成するのです。

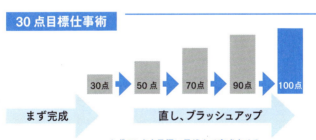

30点目標仕事術

まず30点を目標に最後まで完成させる。
あとは少しずつ直して、レベルアップを目指す。

> 第1稿はすばやく仕上げて、
> 「直し」の時間を確保しよう。

CHAPTER4 DO

73 率いる
Lead

「目標」ではなく「ビジョン」を掲げる

　「今月の売上目標は3億円！」と、いくら営業部長が大声で怒鳴っても、部下のモチベーションは上がりません。「今月もノルマがキツくて大変だなあ」と、むしろモチベーションは下がります。それは、「自発的な仕事（ドーパミン分泌）」ではなく、「やらされ仕事（ストレスホルモン分泌）」だからです。

　自分が立てた目標はドーパミンが出ますが、他人が決めた納得のいかない目標ではストレスホルモンが出るだけです。

　では、社員や部下、チームの仲間を率いるためにはどうしたらいいのでしょうか。部下や仲間のモチベーションをアップさせ、リーダーシップを発揮するいい方法はないのでしょうか。

　それは、「目標」を掲げるのではなく、「ビジョン」を掲げることです。「ビジョン」とは、会社や個人が実現したい「理想の姿」「理想のイメージ」です。

　「目標」を掲げても人はついてきませんが、「ビジョン」を掲げ、「ビジョン」を共有できると人はついてきます。会社やその人を応援し、支え、高いモチベーションで、高い能力を発揮します。

　総発行部数3億部突破、国民的漫画『ONE PIECE』を例に挙げましょう。「麦わらの一味」の船長であるルフィのビジョンは、「海賊王に、俺はなるっ！」です。彼のビジョンに共感して「おもしろそう」「ルフィとともにそれを実現したい」と思った仲間たちが、ルフィのもとに集まります。

　ルフィの目標は、「ひとつなぎの大秘宝(ONE PIECE)を手に入れる」ですが、目標を前面に出すと、現実的、実利的になってしまい、共感しづらく「勝手にやれば」という感じになってしまいます。

私のビジョンは、「精神医学、心理学をわかりやすくお伝えすることで、うつ病や自殺を減らしたい。病気を予防したい」です。そのビジョンを共有して、実際にたくさんの人が協力、応援してくれています。うつ病や自殺を予防するためには、私の本の内容、インターネットのコンテンツがたくさんの人に伝わる必要があります。

　ですから、私の目標は「100万部のベストセラーを書く」「YouTubeフォロワー10万人」といった内容になります。「100万部のベストセラーを書く」という目標を前面に出すと、やはり「勝手にやれば」という感じで、誰も協力してくれないのです。

　ビジョンは他者貢献、社会貢献の性格が強く、目標は現実的、実利的、実際的なもの。人間は崇高な「夢」や「理想」に共感しやすいので、人を率いるためには「目標」ではなく「ビジョン」を掲げることが必須です。

ビジョンと目標の違い

ビジョン	目標
未来の理想像 理想のイメージ	現実的な目標
他者貢献、社会貢献	現実的、実利的
モチベーション↑	モチベーション↓
協力、応援、団結、 自発的、能動的	非積極的、人任せ、 受動的

「夢」や「理想」を語ると、
人がついてくる。

CHAPTER4 DO

74 笑う
Laugh

笑顔をつくると、10秒でハッピーになれる

　ここまでは、情報をアウトプットする話をしてきましたが、「情報」だけではなく自分の「感情」を積極的にアウトプットすることで、さまざまなメリットが得られます。たとえば、「笑う」「泣く」といったことです。

　「笑う」効果に関して、カリフォルニア大学が興味深い研究を発表しています。被検者の心拍数、体温、肌の電気信号、筋肉の緊張などを測定しながら、笑顔、恐怖、怒りの表情をしてもらいます。
　すると、「笑顔」をつくるとわずか10秒で、「安心」しているのと同様の身体的な変化があらわれました。「恐怖」の表情をつくると恐怖の身体的な変化があらわれました。
　笑顔をつくると10秒で緊張が緩和して、ハッピーな気持ちになれるということ。つまり、笑顔の効果には、即効性があります。
　脳科学的にいうと、笑顔をつくるとセロトニン、ドーパミン、エンドルフィンという3つの脳内物質が出ます。これらの物質が出ると、ストレスホルモンが下がり、副交感神経が優位になります。つまり、笑顔には緊張を緩和してストレスを解消する作用があるのです。

　笑顔は最強の脳トレであり、ストレス発散法です。
　とはいえ、いきなり笑顔をつくるのは難しいもの。笑顔をつくる表情筋がかたくなっていると自然な笑顔が出ないので、普段から笑顔トレーニングをすることが重要です。私は、毎朝、髭そりしながら、笑顔トレーニングをしています。
　また、笑顔はコミュニケーションの潤滑剤にもなります。笑顔を増やすと、いいことだらけです。ぜひあなたも、笑顔トレーニングをして、笑顔を増やしてみませんか？

笑顔の8つの効果

【笑顔の効果】1　免疫力が高まる

- 笑いによって、がん細胞を殺すNK細胞の活性が上昇する。
- 笑いによって脳内のエンドルフィン濃度が上昇し、免疫力が高まる。

【笑顔の効果】2　ストレスが緩和される

- 笑いによって、ストレスホルモンのコルチゾールが低下する。
- 笑いは腹式呼吸なので、セロトニンが活性化され、結果としてストレスが緩和される。

【笑顔の効果】3　痛みが緩和される

- 15分の笑いで、痛みの許容レベルが10％上昇する。
- 笑いによって、鎮痛物質・エンドルフィンが分泌される。

【笑顔の効果】4　各種身体症状に効果がある

- 笑うと血管が開き、血圧低下、心臓に好影響を与える。
- 笑いは、血糖値の上昇を抑える。
- 笑いは、便秘解消になる(自律神経のバランスが整う)。

【笑顔の効果】5　記憶力が向上する

- 笑顔によるコルチゾール抑制作用によって海馬のニューロン損失が減少し記憶力が向上する。
- 笑うことで脳波のアルファ波が増えて、リラックスした状態となり、集中力、記憶力が高まる。

【笑顔の効果】6　幸せになる

- 笑いによって幸福物質ドーパミン、快楽物質エンドルフィンが分泌されるので、「楽しい」「幸せ」な気分になる。
- 笑顔でいる人は、30年後の幸福度が高い。

【笑顔の効果】7　考え方がポジティブになる

- 笑顔を作るだけで、考え方がポジティブに変わる。

【笑顔の効果】8　長生きする

- 満面の笑顔の人は、そうでない人より、7歳長生きする。

参考／『頑張らなければ、病気は治る』(樺沢紫苑著、あさ出版)

CHAPTER4　圧倒的に結果を出す人の行動力

　朝、身支度をしながら口角をちょっと上げてみよう。

CHAPTER4 DO

75 泣く
Cry

涙にはストレス発散効果がある

　感情のアウトプット、「笑う」の反対は「泣く」です。
　日本人は落ち込んだときも「泣いてなんかいられない」と、泣くのを我慢するのが美徳という文化があります。
　あるいは、デートで映画に行っても「泣いているところを見られるのは格好悪い」ということで、泣きそうになっても我慢する人もいるでしょう。

　しかし、「泣く」のを我慢するとストレスがたまり、「泣く」ことによってストレスが発散されます。つまり、「泣く」ことは精神的に「いい効果」が得られるのです。
　「泣く」のを我慢している状態は、交感神経が優位の緊張状態です。これが、「泣く」、つまり涙が流れた瞬間に、副交感神経に切り替わり、リラックス＝「癒やし」モードに入ります。
　また、涙にはACTH（副腎皮質刺激ホルモン）が含まれています。ACTHとは、ストレスホルモンである「コルチゾール」の分泌を促すホルモンです。つまり、涙とともにACTHを外に出すため、「泣く」ことでストレス発散効果が得られるのです。

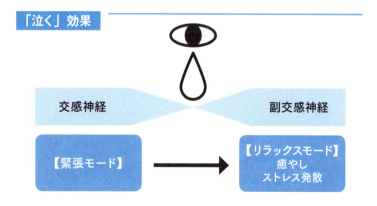

「泣く」効果

交感神経 → 副交感神経

【緊張モード】 → 【リラックスモード】癒やし　ストレス発散

とはいえ、日常生活で大泣きするような出来事は滅多に起きるものではありません。そこで、映画、演劇、小説、漫画などのエンターテインメントを活用すると、「涙」による癒やし効果を手軽に得ることができます。

哲学者アリストテレスは、その著書『詩学』の中でギリシャ悲劇を観ることで、心の中に溜まっていた澱(おり)のような感情が解放され、気持ちが浄化される(カタルシス)と述べています。演劇や映画などで、感情を表出することで、気持ちが浄化されるのです。

映画評論家でもある私がおすすめする「泣ける映画」をリストにまとめましたので、参考にしてください。

泣ける映画リスト

<鉄板編>
『ショーシャンクの空に』(1994年)
『グリーンマイル』(1999年)
『いまを生きる』(1989年)
『アルマゲドン』(1998年)
『タイタニック』(1997年)
『ゴースト/ニューヨークの幻』(1990年)
『ライフ・イズ・ビューティフル』(1997年)
『ニュー・シネマ・パラダイス』(1988年)
『火垂るの墓』(1988年)
『この世界の片隅に』(2016年)
(映画史に残る名作、傑作映画の中から、鉄板ともいえる「泣ける映画」をまとめました)

<こだわり編>
『永遠の僕たち』(2011年)
『ラスト・ホリデイ』(2006年)
『ソウル・サーファー』(2011年)
『アンドリュー NDR114』(1999年)
『ダラス・バイヤーズクラブ』(2013年)
『遠い空の向こうに』(1999年)
『サイレント・ランニング』(1972年)
『聲の形』(2016年)
『メッセージ』(2016年)
『幸せのレシピ』(2007年)
(個人的に大好きな「泣ける映画」をマニアックにまとめました)

 自分専用の泣ける映画リストをつくっておこう。

CHAPTER4 圧倒的に結果を出す人の行動力

CHAPTER4 DO

76 「怒り」をコントロールする
Control Your Anger

発散ではなく、上手に受け流すべき感情

　感情のアウトプットである「笑う」「泣く」は、たくさんすることで、いろいろなメリットが得られます。しかし「怒り」に関しては、発散しすぎると人間関係にヒビが入るなど、マイナスの影響しか得られません。

　怒りっぽい人はそうでない人に比べて、心筋梗塞や狭心症のリスクが2倍以上に高まります。特に激しい怒りのあとでは、心筋梗塞や心臓発作を起こすリスクが4.7倍に上昇するという研究もあります。

　怒りは発散するのではなく、上手にコントロールしなければいけません。

　カッとしたとき、怒りの感情が爆発しそうになったときに、アドレナリンが分泌されます。アドレナリンの体内での半減期はわずか20〜40秒と非常に短い。つまり、30秒も我慢すれば、怒りのピークは通りすぎます。怒りは熱しやすく、冷めやすいのです。

　とはいえ、「その30秒が我慢できない」という人も多いと思います。そうした人のために効果てき面の対処法をお伝えします。

　アドレナリンが分泌されると、交感神経が優位になります。深呼吸をすることで、交感神経を副交感神経に切り替えることができるので、怒りをクールダウンすることができます。

　「深呼吸をしても怒りをコントロールできない」という話をよく聞きますが、それは深呼吸の方法が間違っています。私がおすすめする深呼吸は、1分深呼吸法です。

> 1分深呼吸法
> (1) 5秒で息を吸う
> (2) 10秒で息を吐く
> (3) さらに5秒で肺の空気をすべて吐ききる
> (4) (1)〜(3)の20秒1呼吸を3回繰り返す
>
> 参考／『いい緊張は能力を2倍にする』(樺沢紫苑著、文響社)

　5秒で息を吸い、15秒で吐きます。これを自分で「1、2、3……」と秒数をカウントしながら行います。そうすると、数を数えるのに意識がとられるので、怒りの原因について考えるのを忘れてしまいます。あるいは、時計の文字盤を見ながら秒数をカウントするのも効果的です。

　20秒の深呼吸を3回、きちんと行えば、「怒り」はほとんどなくなるか、かなり軽減されます。

　深呼吸を正しく行うのは簡単ではありません。拙著『いい緊張は能力を2倍にする』(文響社) の中で、正しい深呼吸法について15ページにわたって解説していますので、「怒りっぽい人」は一読することをおすすめします。

「怒り」のコントロール

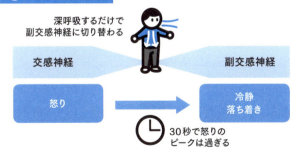

長生きしたいなら、「怒り」の感情と上手に付き合おう。

CHAPTER4 DO

77 眠る
Sleep

結果が出せないのは、睡眠不足のせいかも

「眠る」という項目を見て、「どう考えても"アウトプット"じゃないだろう」と思った方もいると思います。しかし睡眠は、アウトプットにおいて極めて重要。大前提として考えるべきです。

あなたが本書の内容をすべて実行したとしても、睡眠が不足していたら、目立った効果は得られません。アウトプットに限らず、仕事も勉強も同様です。睡眠不足の状態では、集中力、注意力、記憶力、ワーキングメモリ（作業記憶）、学習能力、実行機能、数量的能力、論理的推論能力、数学的能力など、ほとんどすべての脳の機能が低下することが明らかにされています。

ちなみに、睡眠不足というのは6時間未満をさします。

ペンシルベニア大学の研究で、6時間睡眠を14日間続けると、2日間完全に徹夜したときと同程度の集中力低下をきたしていることが明らかにされました。毎日6時間しか寝ていない人は、毎日、徹夜明けで仕事をしているのと同じくらいの仕事しかこなせないという、衝撃的なデータです。

睡眠時間と集中力の関係

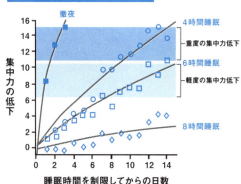

モニター画面上に赤い丸が表示されたらボタンを押すという実験。睡眠時間を制限し、毎日実験を行う。縦軸は反応速度が500ミリ秒を超えた回数（集中力の低下）。ペンシルベニア大学、Hans P.A.Van Dongen博士らの研究

また別の研究では、6時間以上の睡眠をとらないと、勉強した内容が記憶として定着しづらいことが明らかにされています。

睡眠不足（睡眠6時間未満）の状態でアウトプット、仕事、勉強をすることは、バスタブに栓をしないでお湯を入れるようなものです。何も積み上がらないし、記憶や経験として残らないし、当然、自己成長にもつながりません。

「睡眠不足」の状態は、ざっくりいえば、あなたの能力を半分も発揮できないようにリミッターをかけるようなものです。

アウトプットをして自己成長するためには、7時間以上の睡眠は必須です。

また睡眠不足は、勉強効率を下げるだけではなく、命を削ります。睡眠不足の人は、がんのリスクが6倍、脳卒中のリスクが4倍、心筋梗塞のリスクが3倍。十分に寝ている人と比べて、死亡率が5.6倍に高まります。「喫煙」と比べても「睡眠不足」のほうがはるかに健康に悪いことは、意外と知られていません。

「アウトプットをして自己成長していきたい人」にとって、睡眠時間7時間は必須です。

睡眠不足と病気リスク

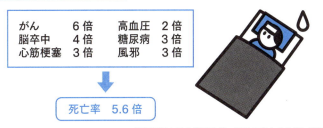

がん	6倍	高血圧	2倍
脳卒中	4倍	糖尿病	3倍
心筋梗塞	3倍	風邪	3倍

死亡率　5.6倍

睡眠不足とは6時間未満。複数の論文を参考に算出。

1日7時間の睡眠を、どんな仕事よりも優先しよう。

CHAPTER4 DO

78 運動する
Exercise

1回1時間×週2の有酸素運動が脳を活性化

「もっと頭がよく生まれてきたら、自分の人生も違ったのに」と思う人はいませんか？

今からでも、あなたの頭をよくすることは可能です。「生まれたときに人間の能力はほぼ決まっている」と思っている人は多いかもしれませんが、それは完全に間違いです。

私が医師になった25年前は、「脳の神経細胞は増殖しない。神経細胞の数は生まれてから減るだけで、増えることは決してない」と習いましたが、その神経学の大前提が、近年覆されました。

海馬の歯状回で、顆粒細胞という神経細胞が新生することが発見されたのです。つまり、人間の脳では毎日、新しい神経細胞がつくられ続けているのです。海馬というのは、人間の「記憶」と極めて密接にかかわっている部分です。

この神経の新生に必須の物質が、BDNF（脳由来神経栄養因子）

運動すると頭がよくなる理由

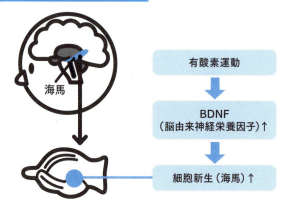

であり、BDNFは有酸素運動によって分泌が増えることがわかっています。

つまり、有酸素運動をすることで、脳の神経の新生がバンバン促進されて、記憶力がよくなり、頭がよくなるというわけです。ちなみに、海馬の神経新生を阻害するのは、ストレスホルモン（コルチゾール）です。ストレスが長期にかかると、記憶力が悪くなり、物忘れもひどくなります。

「頭をよくしたい！」と思うなら、運動をすればいいのです。運動量としては、1回1時間程度の有酸素運動を週2回以上行うと、脳を活性化する効果が十分に得られます。

また、わずか20分の運動でもドーパミンが分泌されるため、運動直後から集中力、記憶力、学習機能、モチベーションのアップが認められます。自己成長のためにはドーパミンが重要であると何度も強調しましたが、自己成長と最も関連があるドーパミンは、ただ運動するだけで分泌されるわけですから、運動しない手はありません。

頭がよくなりたい人、自己成長を加速させたい人にとって、有酸素運動は必須といえます。

運動直後から得られる脳の活性効果

1. 集中力↑
2. 記憶力↑
3. 学習機能↑
4. モチベーション↑

運動で成長が加速

健康増進はもちろん、「頭をよくする」ためにも運動は必須。

CHAPTER4 DO

79 危機管理する
Manage Risks

「ヒヤリ・ハット事例」をひとつでも減らす

　どのような職場でも、トラブルや事故が発生するはずです。それらのトラブルや事故を事前に予測し、なるべく防ぎたいものです。

　医療の世界では、「医療事故」を未然に防ぐ必要から、危機管理がよく研究されています。事故や災害を防ぐのに役立つ有名な法則として、「ハインリッヒの法則」というものがあります。

　損害保険会社の技術・調査部に勤務していたハーバート・ウィリアム・ハインリッヒは、ある工場で発生した5000件以上の労働災害を統計学的に調査し、「1：29：300」という比率を導きました。「重傷」以上の災害が1件あったら、その背後には、29件の「軽傷」を伴う災害が起こり、300件もの「ヒヤリ・ハット」した傷害のない災害が起きていた、ということです。

ハインリッヒの法則

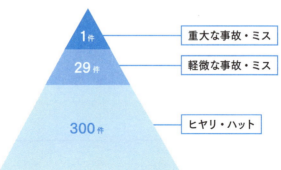

大きな事故を起こさないために、小さなミスを減らす

- 1件 — 重大な事故・ミス
- 29件 — 軽微な事故・ミス
- 300件 — ヒヤリ・ハット

参考／『絶対にミスをしない人の脳の習慣』（樺沢紫苑著、SBクリエイティブ）

「大きな事故」「小さな事故」「ヒヤリ・ハット事例」は、1：29：300の割合で生じる。つまり、「大きな事故」を減らすためには「小さな事故」を減らす。そのためには「ヒヤリ・ハット事例」を減らせばいいのです。

「ヒヤリ・ハット事例」をたくさん集めて、それに対してひとつずつ対策を講じていく。そうすると、「ヒヤリ・ハット事例」が減少し、「小さな事故」も減少し、「大きな事故」が防げます。

大きな病院には、たいてい「医療事故対策委員会」があり、そこでは院内の「ヒヤリ・ハット事例」をたくさん集めています。あやうく事故になりそうな、ヒヤリ・ハットする事例が起きたときは必ず報告するよう、医師も看護師も義務付けられています。そうした、よくあるヒヤリ・ハットに対して注意を喚起したり、「安全マニュアル」を変更したり対策を行っていきます。

状況把握→原因分析→対策。「ヒヤリ・ハット事例」や「小さな事故」が生じた場合、その原因を分析して、徹底して対策を行えば、「大きな事故」は防げるのです。

この「事故」という言葉は、職場においては「ミス」と置き換えてもいいでしょう。

「大きなミス」「小さなミス」「ヒヤリ・ハット事例」が、1：29：300の割合で生じるのです。職場での重大なミスやトラブルを起こさないためには、日頃よくあるヒヤリ・ハットをひとつでも減らすことが重要なのです。

 大きなミスの元となる小さな「ヒヤリ・ハット」を見逃さない。

CHAPTER4 DO

80 時間管理する
Manage Time

1日15分の「スキマ時間」を活用

　ここまで、さまざまなアウトプット術についてお伝えしてきました。この段階で、多くの方が直面する問題があります。それは、「アウトプットする時間がありません」というものです。

　仕事が忙しい、帰宅が遅い。家では家事や育児をしなくてはならない……。

　自分のために勉強する時間、自己投資につながる「アウトプット時間」をつくることは、多忙なビジネスマンにとっては、非常に大変なことと思います。

　将来の自分のために、時間を管理して、自己成長につながる「アウトプット時間」を確保するためには、それなりの工夫が必要です。

（1）15分でアウトプットする

　「15分勉強する」場合と「60分勉強する」場合、どちらが効果が高いと思いますか？　多くの人は「60分」、つまり時間を長くとったほうが、勉強や仕事がはかどると思っていますが、それは完全に間違いです。

　重要なのは集中力です。「だらだら60分」やるよりも、「集中して15分」やったほうが、勉強も仕事もはかどります。

　制限時間を決めると、集中力が高まります。ですから、必ずしも15分でなくともかまいません。

　短時間でいいので、制限時間を決めて取り組むことで、圧倒的に勉強や仕事の効率が高まります。その場合、ストップウォッチやタイマーを使うと、より緊迫感が高まり、集中力も高まります。

　「本の感想を15分でまとめる」と決めて、15分だけ集中してアウトプットを行う。忙しいあなたも、1日15分の時間ならつくれると思います。

まずは、1日15分、1アウトプットからスタートしてください。

（2）スキマ時間を活用する

　忙しいビジネスパーソンが、机に向かって「自分のための勉強時間」を確保するのは極めて難しいと思います。帰宅しても仕事で疲れているので、勉強どころではないでしょう。

　そんな忙しいビジネスパーソンが「自分のための勉強時間」を毎日確保できる唯一の方法が、スキマ時間の活用です。

　スキマ時間とは、電車に乗っている時間、電車を待っている時間、昼休みの残り時間、待ち合わせの時間などです。特に電車、バス、自家用車などで通勤する時間は、最もまとまった時間がとりやすいといえます。

　こうしたスキマ時間を、インプット＆アウトプットの自己投資の時間として活用すべきです。

（3）スマホをアウトプットのツールとして活用する

　ほとんどの人は、友人のSNSを見る、ブログ記事やネットニュースを読むといった具合に、スマホをインプットのツールとして利用していると思います。通勤時間をただスマホを見て過ごしている人も多いですよね。

　アウトプットの伴わないインプットは、忘れるだけ。「スマホを見るだけ」というのは、最大の時間の無駄です。

　スマホがすべて悪いとはいいません。スマホは、インプットではなく、アウトプットのツールとして使うべきなのです。いつでも、どこでも入力できるのが、スマホのよいところです。

　本の感想、映画の感想、学んだことの気付き。3行、3ポイントであれば、5分あれば書くことができる。スマホを上手に使えば、いつでも、どこでもアウトプットができます。

　結局のところ、「アウトプットする」のに30分、1時間といったまとまった時間をとろうとするからできなくなります。まずは5分でいいです。できれば15分。

通勤中、移動中などのスキマ時間を使えば、1日5〜15分の時間は、必ず確保できるはずなので、短時間でアウトプットすることを習慣にしてください。

　さらに詳しい時間の使い方、時間術については拙著『神・時間術』（大和書房）で詳しく解説していますので、参考にしてください。

アウトプット時間を確保するコツ

❶制限時間は15分

❷スキマ時間を活用

最近こんな本を読んで……

❸スマホは「見るだけ」ではなく「アウトプット」のツールに

　それでも「アウトプットする時間がない」という人は、インプットの時間を減らすことをおすすめします。

　あなたが現在、「月3冊の読書をしているが、1冊もアウトプットできていない」状態だとします。仕事も忙しく、これ以上アウトプットする時間をつくるのが難しい。そういう場合は、「月1冊の読書でいいので、1冊をしっかりとアウトプットする」よう

に変えてください。

「えっ、インプット量を減らすの？」と思ったかもしれません。インプット中心の勉強をしてきた人にとって、インプット量を減らすことは恐怖を感じるものです。しかし、どんなにたくさんインプットをしても、アウトプットしない限りすぐに忘れてしまいます。つまり、アウトプットしないインプットは意味がないのです。

「月3冊インプット、0冊アウトプット」と「月1冊インプット、1冊アウトプット」を比べると、「月1冊インプット、1冊アウトプット」のほうが圧倒的に成長できるのです。こちらのほうが、時間も短くて済みます。

本を1冊読むのに、仮に2時間かかるとしましょう。1冊読むのをやめれば、2時間のアウトプット時間を捻出できます。2時間あれば、最初に読んだ本のアウトプットをするのには、十分すぎる時間です。

また、読書をする場合、インプット量を稼ぐのではなく、アウトプット量を稼ぐことを意識してください。つまり、1冊読んだら、1冊しっかりとアウトプットする。

アウトプットが終わるまで、次の本を読み始めるべきではないのです。そして、また次の1冊を読んだら、その本をアウトプットしていく。

当面の目標は、「月3冊読んで、3冊アウトプット」です。月3冊は少ないように思えるかもしれませんが、ビジネスマンで月3冊分のアウトプットができている人は、20％もいないでしょう。

「月3冊読んで、3冊アウトプット」を続けると、あなたのアウトプット力は相当のレベルへ進化していきます。1年も続ければ、ビジネスマンの上位20％に入ることは間違いないでしょう。

アウトプット時間をつくる方法

悩み：アウトプットする時間が
ありません

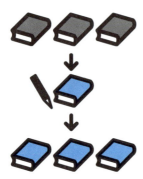

3冊読んで0冊
アウトプット

まずは
1冊読んで1冊
アウトプット

目標とする読書量
3冊読んで3冊
アウトプット

アウトプットのためにインプットを減らしてOK

「脳科学的」理想の1日の過ごし方

19:00～21:00
- クリエイティブ時間
夕食を兼ねて友人、家族とのコミュニケーション。また娯楽や運動で明日への活力を養う

（アイデア・発想が最も浮かびやすい！）

21:00～22:30
- リラックス時間
寝る前2時間はのんびりと過ごす

23:00～6:00
- 睡眠時間
7時間以上を確保

18:00～19:00
- 通勤時間
インプット＆アウトプット時間

7:00～8:00
- 通勤時間
インプット＆アウトプット時間

16:00～18:00
- ラストスパート時間
帰社時間を決めて一気に仕事を片付ける

8:00～9:00
- 朝活時間
会社近くのカフェで極上のアウトプット時間

14:00～15:00
- ゆるい時間
食後の眠気も出て集中力が下がる。ゆるい作業、打ち合わせなどで乗り切る

12:00～13:00
- ランチ時間
外食ランチで完全リフレッシュ

9:00～12:00
- 脳のゴールデンタイム
この時間帯に集中力が必要な仕事を終わらせる

『神・時間術』（樺沢紫苑著、大和書房）をもとに作成

POINT

- アウトプットに最適なのは、1日2回の通勤時間と出勤前のカフェ時間。
- 毎日同じリズムで同じ日課をこなすと、脳のパフォーマンスは上がる。
- 休日は、普段と同じことをすると余計に疲れる。
土日は、あえて「平日にしていないこと」をすることで、脳が活性化する。

 「スキマ時間」×「スマホ」でアウトプットを日常にしよう。

CHAPTER4 圧倒的に結果を出す人の行動力

THE POWER OF OUTPUT

CHAPTER5
アウトプット力を高める7つのトレーニング法

TRAINING

CHAPTER5 TRAINING

その1 日記を書く
Keep a Diary

簡単で最高のアウトプット・トレーニング法

　ここまで、アウトプットをするためのノウハウを詳細にお伝えしてきました。

　しかしながら、いったい何を、どのようにアウトプットするのか。まだ、イメージが持てない人も多いでしょう。そこで、本書の最終章として、日々の生活の中で行えるアウトプット法、あなたのアウトプット力を飛躍的に高める7つのトレーニング法をお伝えします。

　「何かアウトプットを始めよう！」「文章を書いてみよう！」と思っても、多くの場合、「書くことがない」「書く題材が見つからない」という問題に直面します。

　そんなアウトプットの初心者におすすめするアウトプット・トレーニング法が、「日記を書く」です。「書くことがない」という人でも、今日1日を振り返ると、何がしかの出来事が起こっているはずです。

　日記を書くことによって5つのメリットが得られます。
（1）アウトプット、書く能力が高まる
　まず、毎日日記を書くことで、アウトプットする習慣が身につきます。文章を書く能力も高まります。最初は時間がかかるかもしれませんが、文章を書くスピードは飛躍的に速くなります。毎日日記を書き続けることで、あなたの「アウトプット」能力、「書く」能力は確実に鍛えられます。

（2）自己洞察力、内省能力、レジリエンスが高まる
　1日を振り返って今日の出来事を書くことは、自分自身を見つめ直すという作業です。ですから、日記を書くことで、自己洞察力が鍛えられます。自分を省みる能力（内省能力）も高まり、自分の性格や考え方の欠点、短所も客観的に把握できるようになり

ます。

また、日記を書くことによって、レジリエンス（ストレス耐性）が高まります。レジリエンスとは、「心のしなやかさ」とも呼ばれ、レジリエンスが高い人は、ストレスが強い環境におかれても、ストレスを上手にやり過ごすことができる。つまり、メンタル疾患になりづらく、心が折れづらいのです。

「日記療法」は、精神医学においても、非常に効果の高い治療法として使われているほどで、日記を書くことでメンタルが強くなります。

(3)「楽しい」を発見する能力が高まる

日記は、基本的にポジティブな出来事や、楽しかった出来事を中心に書きます。1日の中から「ポジティブ」と「楽しい」を思い出す作業を毎日行うことで、ポジティブ思考が訓練されて、日常の中から「楽しい」を発見する能力が高まります。

「続ける」（192ページ）の項で、「続ける」ためには「楽しい」を発見する必要があると書きましたが、その「楽しい」を発見する方法が「日記を書く」ことです。

「楽しい」を発見する能力が高まるということは、ドーパミン

が出やすくなるということ。仕事や勉強が続けやすくなり、集中力や記憶力も高まり、自己成長も加速します。

(4) ストレスが発散される

今日あった出来事を文章に書く。これは「表現する」ことであり、内面に溜め込んだものを発散するということ。つまり、ストレス発散効果が得られます。悩みごとを誰かに相談しなくても自分で紙に書いたり、日記を書いたりするだけでストレスが軽減することは、多くの心理実験により明らかにされています。

(5) 幸せになる

アメリカのブリガムヤング大学の心理学研究では、100人の対象者をグループにわけ、4週間日記をつけるように指示しました。ひとつのグループには、その日にうれしく思ったポジティブな出来事のみを日記に記すように指示し、もう一方のグループには、単純にその日にあった出来事について記すように指示しました。その結果、ポジティブな内容を記したグループは、その日にあったことを記すだけのグループに比べ、幸福度と生活に対する満足度が高いという結果が得られました。

さらに、対象者が、自分たちが書いたポジティブな日記の内容について、友達や愛する人に話して聞かせたところ、彼らの幸福度と生活満足度が2～3倍にも向上したのです。

ポジティブ日記を書くだけで幸せになる。さらにその内容をシェアするとさらに幸福度はアップする。1日で10分程度日記を書くだけで、幸せになれるとするならば、それはやらないと損というものです。

日記を書く。単純で当たり前のアウトプットと思いますが、「書く」というビジネススキルの向上に加えて、メンタルを強くし幸福度を高めるなど、いいことずくめ。毎日が楽しくない、自分の人生が楽しくないという人は、ぜひ「日記を書く」ことを始めて

ほしいと思います。

　私は、メルマガをほぼ毎日発行で13年継続しています。つまり、日記を13年間書き続けているのと同じですが、それだけ継続できるのは「公開」で数万人が読んでくださっているから。秘密の自分だけの日記を13年書き続けることは不可能でしょう。

　樺沢の毎日の日記を読みたい人は「公式メルマガ」をお読みください。

精神科医・樺沢紫苑　公式メルマガ

登録はこちらから→

http://kabasawa.biz/b/maga.html

日記を書く　〜具体的な書き方〜
まずは「5分」で「3行」からスタート
　日記を書くことでさまざまな効果が得られることは理解いただけたと思います。では具体的に、どのように日記を書けばいいのでしょうか。

(1) ポジティブ日記を書く
　私がおすすめする方法は「ポジティブ日記」です。
　今日あったポジティブな出来事、楽しい出来事、うれしい出来事などを「3つ」書くというもの。最初は、箇条書きで3行書くことから始めて、慣れてきたら3つの出来事について、数行ずつ詳しく書いていく。「箇条書き」→「短文」→「長文」と、徐々にステップアップしていくといいでしょう。

(2) 質や量ではなく、「毎日書く」
　最初から長く書こうとすると、絶対に続けられなくなります。

「長く書く」（量）、「名文を書く」（質）を目指すのではなく、「毎日続ける」ことが最も重要です。

　3行でいいので、毎日続ける。毎日続けてさえいれば、誰でも苦労せずに長い文章が書けるようになり、文章の質も高まっていきます。

(3) 制限時間を決める

　さらに、ダラダラと長時間書くのではなく、時間を決めて書くことをおすすめします。「5分」または「10分」です。3行の箇条書き、短文のスタイルなら5分。長文スタイルでも10分あるとかなりの文字数が書けるものです。

(4) ネガティブをポジティブに変換する

　ポジティブな出来事が1日で3つもない、という人がいます。あるいは、「ネガティブ」「つらい」「苦しい」出来事を、ストレス発散、ガス抜きのために書きたいという人もいるでしょう。その場合は、ネガティブをポジティブに変換して書きましょう。

　例を挙げてみましょう。

（ネガティブ例）
「今日、上司にこっぴどく叱られた。書類の提出期限が過ぎていて、1時間遅れてしまった。1時間くらいで、そんなに激怒するなよ。朝、知らせてくれれば、うっかり忘れることもなかったのに、締切時間すぎてから確認するなんて性格悪すぎだろう！」

（ポジティブ例）
「今日、上司にこっぴどく叱られた。書類の提出期限が1時間遅れてしまったせいだ。手帳に締切時間を書き忘れたのが原因である。今後は、締切のある仕事は、100％手帳に正確に記録するぞ！　同じミスは二度と繰り返さない！」

ネガティブをポジティブに変換する練習をすることで、自己洞察力、内省能力、レジリエンスが高まるとともに、ポジティブ思考が猛烈に強化されます。

(5) 非公開から公開に

　最初は、専用のノートや日記帳に手書きで書く。あるいは、パソコンにワープロソフトで書く、でいいと思います。

　日記も習慣化し、ある程度慣れてきたら、SNS 上で日記を公開することも考えるべきです。公開するとは、人が見るということ。「人から見られる」ことを意識すると、下手な文章は書けません。

　結果として、「より上手な文章を書こう」という気持ちが働き、文章力、アウトプット力が飛躍的に向上します。

　私は、今日あったポジティブな出来事、楽しかった出来事、刺激的・感動的な出来事、読んだ本、観た映画の感想などをすべてメルマガに書いています。

　ちなみに、私の「精神科医・樺沢紫苑公式メルマガ」の読者は現在 6 万人います。反応や反響も大きいので、自分の体験や感動をシェアするのが楽しくてしょうがない。ひとりで秘密の日記を書くより、6 万倍モチベーションが高まります。

「楽しかったこと日記」を習慣にして
メンタルと幸福度を高めよう。

その2 健康について記録する
Record Health

「体重」「気分」「睡眠時間」を毎日記録

 「日記を書こう！」と思っても、「時間がない」「毎日続けられない」という人が多いでしょう。そんな人のために、1日1分でできるアウトプット・トレーニング法をお伝えします。

 それは、「健康について記録する」ことです。私が毎日行っている習慣ですが、「体重」「その日の気分」「睡眠時間」を毎朝、手帳に記録します。

（1）体重の記録

 私は朝起きると、シャワーを浴びます。そのシャワーを浴びる前に体重測定をしますので、その体重を記録します。

 体重を毎日記録していると、体重が増えたら「今日は食事に気をつけよう」、体重が減っていたら「ジムで運動している効果が出ているな。今日もジムに行こう！」とモチベーションが上がります。もし、あなたがダイエットしたいと思っているのなら、毎日の「体重」の記録は必須です。

（2）その日の気分

 朝起きて目が覚めた瞬間、その日の気分を－5～＋5の11段階で評価します。普通なら「0」。最高に調子がよければ「＋5」、調子が最悪なら「－5」となります。

 また調子がよかった理由、悪かった理由も、昨日の行動を思い出しながら追記しましょう。

 最初のうちは、自分の健康状態を数値化するのは簡単ではありませんが、継続して記録していくと、自分の調子や健康状態をかなり正確に把握できるようになります。

 実は、ほとんどの人は、今の自分が調子がいいのか悪いのか、わかっていません。風邪ぎみなのに無理をするから、風邪をこじらせます。ストレスがかかって調子が悪いのに無理を続けるから、

うつ病になります。

　ちなみに、私は過去20年間、風邪をこじらせて仕事を休んだことは一度もありません。それはこのように、自分の健康状態を把握して、早め早めに対応するようにしているからです。

（3）睡眠時間

　睡眠時間はとても大切です。睡眠時間が6時間を切ると、集中力が下がり、仕事の遂行能力も低下し、病気のリスクも大幅にアップします。睡眠時間は、毎日7時間以上確保したいものです。そうした睡眠の管理のためにも、睡眠時間の記録は必須です。

　「睡眠時間」と「その日の気分」を照らし合わせるとわかりますが、睡眠時間が少ないと「その日の気分」が悪いことに気付きます。

　健康について、上記の3点をすべて記録しても、1分もかかりません。毎日記録することで、毎日自分の健康と向き合い、「調子が悪い」ことにすぐに気付くことができますから、病気になる前に対応できます。

健康についての手帳記入例

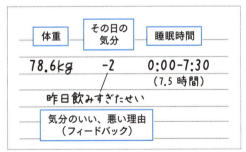

「朝起きたら手帳に書く」のを習慣にしよう

 アウトプット力と一緒に
健康意識も高めよう。

その3 読書感想を書く
Write a Book Review

本を読んだら、必ずその感想を書く

　ビジネススキルを伸ばしたい、ビジネス的に自己成長したいという人に最もおすすめのアウトプット・トレーニング法が、「読書感想を書く」ということです。

　本書は、あらゆる「アウトプット」の方法を体系的、網羅的にお伝えするアウトプット本の決定版を目指して書きました。最近では、「アウトプット」という言葉は頻繁に使われるようになりましたが、数年前までは「アウトプット」について扱った本はほとんど存在しませんでした。

　たとえば、読書術の本は多数出版されていますが、そのほとんどが「速読」か「多読」を推奨するものです。「読書においてアウトプットが最も重要」という人はいませんでした。

　それを日本で初めていったのが拙著『読んだら忘れない読書術』(サンマーク出版)です。

　多くの人が本を読んでも内容を忘れるのは、ただ読んで、インプットしただけで終わってしまうから。アウトプットしないと記

読書のメリット

(1) 結晶化された知識を得られる
(2) 時間を獲得できる
(3) 仕事力がアップする
(4) 健康になる
(5) 頭がよくなる
(6) 人生が激的に変化する
(7) 飛躍的に自己成長できる
(8) 楽しい

憶には残りません。読書ではアウトプットこそが重要であって、**読書をしてアウトプットをするからこそ記憶に残り、自己成長につながる**のです。

勉強や学びにおけるアウトプットの重要性をここまで明確に示した本は今まで存在せず、画期的な内容を多く含んでいたため、15万部のベストセラーとなりました。

『読んだら忘れない読書術』を一言でまとめると、「本を読んだら感想を書こう。感想を書けば圧倒的に記憶に残り、本の内容が身につき、飛躍的に自己成長ができる」ということです。

本書の登場以来、Facebookやブログなどで読書感想を書く人が圧倒的に増えました。必ず毎日、誰かの読書感想や書評がタイムラインに流れます。

そして、Amazonのレビューの投稿数も飛躍的に増えました。実際に本の感想を書いた人は、実感するはずです。本の感想を書くだけで、本の内容を本当に忘れないなと。

本の内容を忘れずに、本の内容を身につけ、自己成長するために、本を読んだらその感想を書くことは必須です。

読書感想のメリット

(1) 本の内容が、圧倒的に記憶として定着する
(2) 本の内容を、より深く理解することができる
(3) 本の内容が、整理される
(4) 文章力がアップする
(5) 思考力、考える力がアップする
(6) 自己洞察が進む
(7) 飛躍的に自己成長できる

参考／『読んだら忘れない読書術』(樺沢紫苑著、サンマーク出版)

読書感想を書く　〜読書感想テンプレート〜
初心者でも10分で読書感想が書ける

　読書感想を書くと、圧倒的に記憶に残る。そうはいっても、今まで読書感想を書いたことがない人は、「何を書いていいのかわからない」と戸惑い、1文字も書けないことが多いのです。

　そこで本書では、読書感想を書いたことがない初心者でも、「10分で読書感想を書けるテンプレート」を紹介します。このテンプレートに従って内容を構成すれば、誰でも迷わず、短時間で論旨が明解な読書感想を書くことができます。

読書感想テンプレート

ビフォー ＋ 気付き ＋ TO DO

気付き ＋ TO DO → アフター

　私がいつも使っている読書感想テンプレートは、極めてシンプルです。

　「ビフォー」＋「気付き」＋「TO DO」、これだけです。さらに簡単にいえば、「ビフォー」＋「アフター」といえます。

　前半は、本を読む前の自分(ビフォー)について書きます。どんな問題、悩みを抱えていたのか。後半は、本を読んだあとの自分(アフター)について書きます。その問題が、本によってどのように解決されたのか。

　「アフター」は、「気付き」と「TO DO」に分解されます。学びを得て自己成長するために必要なものは、「気付き」と「TO DO」だからです。

「気付き」と「TO DO」が明確になれば、あとはそれを実行するだけで自己成長ができます。自己成長を誘発する読書感想という意味で、「気付き」と「TO DO」を盛り込むことが必須となります。

基本型

ビフォー	この本を読む前の私は〇〇でした。
気付き	この本を読んで私は、△△について気付きました。
TO DO	今後、××を実行していこうと思います。

　最初から長文を書くのは難しいので、まずは3行で構成をまとめます。本を読んだら、「ビフォー」「気付き」「TO DO」を1行ずつ書きます。

3行構成

ビフォー	私は、ものすごく緊張しやすい性格。
気付き	適度に緊張したほうが集中力もパフォーマンスも高まる。
TO DO	まず「深呼吸」からやってみる。

『いい緊張は能力を2倍にする』(樺沢紫苑著、文響社)についての感想例

　次に、それをもとに肉付けをしていきます。

肉付け

ビフォー	私は今まで、ものすごく緊張しやすい性格でした。どうしてこんなに緊張しやすいのかと、自分を責めたり、自己嫌悪に陥ることもよくありました。どうすれば、緊張に強くなれるのか。
気付き	そんな超緊張しやすい私ですが、『いい緊張は能力を2倍にする』に書かれていた「ノルアドレナリンが分泌されると、適度に緊張したほうが集中力もパフォーマンスも高まる」という一節を読んでハッとしました。 緊張は「敵」ではない、実は「味方」だった。これは、私にとってものすごい気付きです。「緊張しやすい」というのは、成功するために必須の条件だったのです。「緊張しやすい」自分を責めていたのが、バカバカしくなりました。
TO DO	この本には、「深呼吸」「姿勢」「笑顔」など多くの緊張コントロール法が書かれています。 まずは簡単にできそうな「深呼吸」から練習して、過剰な緊張を適度な緊張にコントロールできるようになりたいです。もう緊張は怖くありません。

　これで約400文字。原稿用紙1枚分です。
　たった3行の構成を埋めるだけで、10分もかからずに、非常にまとまりのある読書感想を書くことができます。
　最初は、凝った構成の読書感想を書く必要はまったくないのです。シンプルに書いたほうが、本の内容が頭に整理されます。記憶に残りやすく、自己成長もしやすいのです。

別の例

ビフォー	私は、ほとんど運動しない生活をしていました。
気付き	週2時間の有酸素運動で脳が活性化するそうです。
TO DO	ジムに通って、有酸素運動を始めます。

『神・時間術』(樺沢紫苑著、大和書房)についての感想例

肉付け

ビフォー	私は、ほとんど運動しない生活をしていました。仕事も忙しく、運動する時間がほとんどとれないので、しょうがないと思っていました。
気付き	しかし、先日読んだ『神・時間術』に、「週2時間の有酸素運動で脳が活性化する」と書かれていました。また、そうした運動で「認知症のリスクが3分の1まで低下する」と知りました。 最近、物忘れが増えてやばいと思っていたので、ひょっとすると運動不足と関係あるかもしれません。
TO DO	週に2時間の運動でも効果があるとのことなので、週2時間ならなんとかなるかもしれません。週2回ジムに通って、2時間の有酸素運動をしたいと思います。

 感想を書くことで、
「記憶に残る読書」にしよう。

CHAPTER5 TRAINING その4 情報発信する
Offer Information

デメリットよりもメリットが圧倒的に多い

「ネットで情報発信しよう!」というと、「誹謗中傷が心配」「ネガティブなコメントを書かれたくない」と、不安や心配を口にする人が多いです。20年間情報発信をしてきた私の経験からいえば、「ネガティブなコメントを書かれる」など嫌な思いをすることは当然ありますが、私の実感値では、その20倍くらいいいこと、楽しいことが起こります。

情報発信におけるメリット、デメリットの比率は、20対1くらい。メリットのほうが計り知れないほど多いので、「やらない」という人の気持ちがよくわかりません。ただ、情報発信のメリットを知らないだけだと思うのです。

私の20年間の情報発信の経験からわかった、情報発信によって得られる「7つのメリット」をお伝えします。

(1) フィードバック効果が高い

スポーツ選手が成功できるかどうかは、コーチや監督の指導で決まるといいます。ひとりでどれだけがんばっても、正しいフィードバック(間違ったフォームの修正など)が得られなければ、自己成長にはつながりません。

文章を書く場合も同じで、誰にも読まれない文章を何万枚と書いても、文章は上達しないのです。情報発信する、たとえばネット上に文章を書けば、反応が得られます。

また、記事の良し悪しによってアクセス数が大きく変わってきますから、「いい文章/悪い文章」「読者に好まれる文章/読者が無関心な文章」の違いを、日々学ぶことができるのです。

(2) 文章が上達する、アウトプット力が鍛えられる

良質なフィードバックが得られたならば、そこを修正して書き続ければ、文章は上達します。情報発信することで、アウトプッ

ト力が飛躍的に伸びることは間違いありません。インプットの質と量も高まり、インプット、アウトプット、フィードバックのサイクルが、猛烈な速度で回転し、結果として飛躍的に自己成長することができます。

(3) 緊張感が出る

ネット上に文章を書く場合、「批判されたらどうしよう」「誹謗中傷されたらどうしよう」「炎上したらどうしよう」と心配する人が多いです。私は20年、それも40万人のフォロワーに対して情報を発信していますが、炎上したことはたった一度しかありません。炎上なんて、そう簡単には起こらないのです。

ネット上に文章を書くことには、責任が伴います。誤りや誤解を招く表現は避けるべきです。そうした緊張感があるからこそ、集中力を高めて真剣に書く。文章は上達し、飛躍的な自己成長が起きるのです。

(4) 情報と人が集まる

情報発信をして、アウトプットの量と質が高まると、インプットの量と質が飛躍的に高まります。ネットを通して、好意的な読者の方から、さまざまな情報が寄せられるようになるからです。そこには自分の知らない情報、知り得ない情報も含まれますし、「別の本には、こう書かれています」「別の学者は反対の意見を述べています」というものも多いです。

知識や情報の幅が広がり、そして深まります。あるいは、「間違い」や「勘違い」も修正されます。本に間違えたことを書いてしまうと修正できないので、事前にネットの情報発信で「間違い」や「勘違い」を指摘されるのは、とてもありがたいことです。

また、ネットで情報発信をすると、いろいろな人が自分の周りに集まってきます。いろいろな会へのお誘いも増え、交友関係も広がります。

(5) 社内での評価がアップする

「自分はサラリーマンなので、情報発信してもなんのメリットもない」という方がいますが、それは完全な間違いです。私が主催する「樺沢塾」の塾生の多くはサラリーマンですが、ブログによる情報発信を始めたことで「社内での評価がアップした」という報告を非常にたくさん聞いています。

情報発信をすると、上司や同僚など社内の人間もあなたの発信を読みます。結果として、あなたが「勉強熱心な人」「本をたくさん読んでいる人」「文章を書ける人」「○○の分野で詳しい人」であることが、社内に知れ渡るようになります。

さらに、「○○について社内の勉強会で話してくれないか？」という講師依頼をされる。あるいは、チームのリーダーに抜擢され、重要な仕事を任されるようになった、という話もよく聞きます。

あなたがどれだけ勉強しても、何冊本を読んでも、アウトプットしない限り、他の人間はあなたの「勉強」や「努力」を知りようがありません。

情報発信することで、あなたの「勉強」や「努力」が適切に評価されるようになり、結果として何かに抜擢され、社内でのチャンスも大きく増えるのです。

(6) 取材、出演、仕事の依頼がくる

情報発信をして、ある程度のアクセスが集まるようになると、新聞や雑誌からの取材依頼がきます。さらに、ラジオやテレビからの出演依頼もきます。本の出版依頼もきます。仕事の依頼もきます。

マスコミの人は、ネットで情報を集めていますので、検索エンジンで上位に表示されるようになると、こうした仕事の依頼が猛烈に増えてきます。当然ながら、それに伴い副収入も得られるようになります。

(7) 楽しい

　私がネットでの情報発信をおすすめする最大の理由は、「楽しい」からです。毎日、何万人の人が自分の情報を受け取り、感謝のメールやメッセージがたくさん届く。自分の知識や経験がたくさんの人の役に立っていると実感できる。それは、「承認欲求」や「自己実現欲求」を満たしますから、精神的に圧倒的な幸福感、満足感を得ることができます。

　また、役に立つ情報を社会に届けるという「情報発信」は、社会貢献ともいえるでしょう。ささやかではありますが、自分が社会に対してプラスの影響を及ぼしていることが実感でき、毎日が楽しくなるのです。

　情報発信をすると、このようにさまざまなメリットが得られ、それは予想されるデメリットをはるかに凌駕するのです。

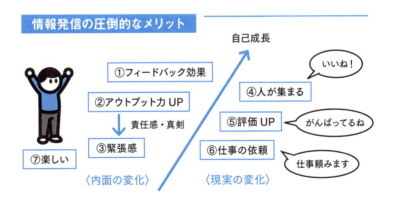

**リスクを上回るメリット多数。
とにかく情報発信してみよう。**

その5 SNSに書く
Post on Social Media

情報発信の第1ステップ「内輪への発信」

　情報発信の第一歩は、「SNSに書く」ことです。厳密にいうと、SNSは情報発信ではありません。友人や知人との「交流」の場です。

　情報発信とは、「不特定多数に対して情報を発信する」ことで、SNSはあくまでも「内輪への発信」というイメージです。

　とはいえ、ブログのような不特定多数に対する情報発信をいきなり始めるのはハードルが高いという人は、FacebookやTwitterなどに本や映画の感想、自分の日常体験を日記的に書くことから始めるといいでしょう。

　そこで、SNSで発信する際の注意点をお伝えします。

（1）個人情報のコントロールは自分で

　Facebookでは、誕生日や居住地を書く欄がありますが、そこを書かなければいけない義務はまったくありません。書きたくなければ、書かなければいいだけ。自分で書きもしないことが勝手に流出することはありません。

　結局、「どこまで個人情報を公開するのか？」は自分の意思でコントロールできるのです。そのあたりを意識しないで、個人情報を自分で流出させている人がほとんどです。

　ちなみに私は、居住地については公開していません。

（2）SNSであっても不特定多数の人が読む

　FacebookやTwitterは、基本的には自分のフォロワーが読む場合がほとんどですが、シェア、リツイートなどで投稿が拡散した場合は、数万人、数十万人が読む可能性もあり得ます。その可能性については、常に意識しないといけません。

　「どうせ友達しか見ないから」と思って、法律的、倫理的に問

題があるような画像を投稿すると、またたく間に拡散して炎上し、テレビでも取り上げられる事件も発生しています。

「友達しか読まないから、何を投稿してもいい」のではなく、「誰が読んでも恥ずかしくない投稿をしよう」という考えで投稿するべきです。

(3) 実名、顔出しは必要？

ネットで情報発信をする場合、「実名、顔出しでないとダメですか？」という質問が必ず出ます。

ペンネームを使い、顔出しせずに大成功しているブロガーの方もいますが、よっぽどコンテンツがおもしろく魅力的でない限り、ブレイクはしません。かなり例外だと思います。

「ペンネーム、顔出しNG」で情報発信しても、アウトプットのメリットが現実世界の自分に返ってこないのです。たとえば、「社内の評価が上がる」「自分の周りに人が集まり、交友関係が広がる」といったメリットは得られません。また、「顔出しNG」だと、講演依頼、テレビ出演依頼なども、ほとんどこないでしょう。

「ペンネーム、顔出しNG」で情報発信するのは、仮想現実でゲームをしているようなもの。その世界内での評価は高まり、楽しいかもしれませんが、現実世界での自分の評価はまったく変わりません。

現実的なメリットがほとんどないので、長い目で見ると、結局はやめてしまう人が多いのです。情報発信は、「実名、顔出し」で行ったほうが、より多くのメリットを享受できることは間違いありません。

「顔出し」に自信がないという方は、横顔やうしろから撮った写真などを使うというウラ技もあります。証明写真のような写真をプロフィールに使わなければならないという義務はないので、工夫次第だと思います。

(4) 交流を楽しむ

ソーシャルメディアの醍醐味は、「交流」です。コメントなどに返信することで、さらに記事が拡散し、毎日多くの人が見てくれるようになります。交流は楽しく、楽しいと続けられます。交流を楽しみながら投稿を続けることで、アウトプットが習慣になっていきます。

(5) 毎日投稿する

SNSの投稿は基本、毎日行うべきです。なぜならば、SNSは「交流」の側面があるので、毎日「おはよう！」と挨拶するのと同じ感覚だから。

1週間に1回だと忘れられてしまうし、親密度が深まらないのでやる意味がありません。

ソーシャルメディアの使い方は複雑です。2012年に発売したソーシャルメディア活用の教科書ともいえる拙著『ソーシャルメディア文章術』（サンマーク出版）に、「ソーシャルメディアの7大原則」をまとめました。

内容は今でもまったく古くありません。むしろ、その普遍性が際立つ「7つの大原則」はこちらです。

ソーシャルメディアの7大原則

【原則】1　ソーシャルメディアは「社会」である
【原則】2　ソーシャルメディアは「ガラス張り」である
【原則】3　ソーシャルメディア・ユーザーの目的は「情報収集」と「交流」である
【原則】4　ソーシャルメディアは最高のブランディング・ツールである
【原則】5　ソーシャルメディアで最も重要な感情は「共感」である
【原則】6　ソーシャルメディアは「拡散力」が強い
【原則】7　ソーシャルメディアに書く目的は「信頼」を得ることである

参考／『ソーシャルメディア文章術』(樺沢紫苑著、サンマーク出版)

気軽な交流を楽しみつつ、
情報発信のリテラシーを学んでいこう。

CHAPTER5 TRAINING その6 ブログを書く
Write a Blog

「人気ブロガー」になるための3つの秘訣

「インターネットで情報発信したい！」という人に、私が最もおすすめするのは、ブログによる情報発信です。SNSは、不特定多数に届かないので情報発信ではない。メルマガやYouTubeは、敷居が高く続けるのも困難です。

しかし、ブログは文章さえ書ければ誰にでもできて、敷居も低い。それでいて人気が出ると何万アクセスも集まり、ブロガーとして生活することも可能になります。入口が入りやすく、可能性は無限です。

先に述べた「情報発信のメリット」に加え、ブログには2つの大きなメリットがあります。ひとつは、「シェアされやすい」ということです。私の実験では、Facebookページとブログに同じ記事を掲載した場合、ブログのほうがシェアされる数が5倍以上は多いという傾向が出ています。

初心者のブログであっても、記事の内容さえよければ、シェアが連鎖して、ひとつの記事に数万アクセスが集まることもあり得ます。「不特定多数の人に読んでもらう」という情報発信の目的から考えると、ブログは最適なメディアといえるのです。

ブログの2つ目のメリットは、Googleアナリティクスと連動させることによって、「アクセスを詳細に解析できる」という点。リアルタイム解析を見れば、今、何人見ているのかまでわかります。どんな記事にアクセスが集まり、人気があるのか。そこを分析することで、文章に対する詳細なフィードバックが得られます。

アクセス解析をチェックすることで、「これだけの人が自分のブログを見にきている」ということがわかりますので、モチベーションのアップにもつながり、「続ける」エネルギーにもなります。

【ブログを成功させる3つの秘訣】

　ブログを始める以上は、「人気ブロガーになりたい！」「将来的にブログで収入を得たい」という人もいるはずです。そんな人のために、ブログのスタート時から重要となる、「ブログを成功させる3つの秘訣」をお伝えします。

（1）独自ドメインは必須

　ブログを始めるにあたり、「アメブロではダメですか？」という質問がよくありますが、芸能人であるとか、「公式アカウント」で始められるなどの特別な場合を除き、やめておいたほうがいいでしょう。

　なぜならば、検索エンジンにかからない、自分で広告を貼れない、ビジネス目的の使用が禁止されているなど、欠点が多すぎるからです。「将来的にブログで収入を得たい」というのなら、独自ドメインを取得し、WordPressなどで自分のブログを構築するべきです。

（2）毎日更新

　ブログは毎日更新が基本です。人気ブログにするためには、ある程度の記事数がなくてはいけません。週1回更新では記事数がいつまで経っても増えないので、人気ブログに成長させるのは極めて困難です。1日1記事を書き続ける。その中で、文章力も上達し、アクセスが集まる記事も出てきます。

（3）100-300-1000の法則

　私が今まで約20年、さまざまなインターネット・メディアを運営してきた結果辿り着いたアクセスアップの法則が「100-300-1000の法則」です。

　ブログでいうと、100記事、300記事、1000記事前後にそれぞれ大きくレベルアップするポイントが存在します。まず100記事を超えると、毎日、ある程度の人が見てくれるようになります。300記事を超えると、検索エンジンでも検索結果の数ページ以内

に表示され、検索エンジン経由のアクセスが増えてきます。1000記事を超えると、検索エンジンで1ページ以内に表示されるページも増えてきて、月間で数万〜10万PV以上のアクセスが期待できます。

　Googleの検索エンジンの仕組みからいえば、良質な記事が1000本以上あると、「いいブログ」「人気ブログ」と認められやすく、結果として、検索エンジンでの評価がぐんと上がるのです。

　ブログを始めるのなら、最低でも100記事を投稿しないとまったく意味がなく、ブレイクしたいのなら3年は続ける必要があります（1日1投稿×3年＝1000記事）。

　3年というと長い気もするでしょうが、楽しみながら続けていればアッという間です。

ブログの「100-300-1000の法則」

100記事	固定ファンがつき、毎日ある程度の数の人に読んでもらえるように
300記事	検索エンジン経由のアクセスが増える
1000記事	「いいブログ」「人気ブログ」認定、月間数万〜10万PVも

「情報発信で収入を得たい！　独立起業をしたい！」という人は多いと思います。

　一般的には、「情報発信で生計を立てることはほとんど不可能」と思われていますが、私の友人、知人を見る限りは、その半分以上は、インターネットや情報発信によって生計を立てている人ばかりです。

　正しい方法で質の高いコンテンツを一定期間、一定数、発信していけば、必ずどこかでブレイクできるし、実際にブレイクして

いる人は多いのです。

「お金」が通貨である資本主義においては、「資本家」と「労働者」の間で格差が生まれていました。「情報」が通貨である今日の「デジタル情報化社会」においては、「情報受信者」でいるか、「情報発信者」になるかによって明暗がわかれます。情報は受け取れば受け取るほどお金がかかりますが、情報は発すれば発するほど収入になるのです。あなたは、「情報受信者」と「情報発信者」のどちらとして生きたいですか？

これから人工知能（AI）の時代に突入します。誰でもできる仕事、検索すればわかるような知識しか持っていない人は、AIにとって代わられるでしょう。重要となるのは個性であり、マニアックでオタク的な知識や経験です。

AIの時代だからこそ、情報発信がより価値を持ち、有益な情報を発信する情報発信者が輝ける時代がくると確信しています。

デジタル情報社会の構図

インプット中心の「情報受信者」、それともアウトプット中心の「情報発信者」？

有益な情報をコツコツ発信していけば、ブログ収入は夢ではない。

その7 趣味について書く
Write About a Hobby

マニア知識をいかして「人を動かす」記事を

　情報発信しようといっても「何について書いていいかわからない」「書く題材がない」という話をよく聞きます。そういう場合は、自分の「趣味について書く」のがおすすめです。

　私の場合は映画です。映画を観たら必ず映画の感想や批評を書くことを習慣にしています。家に帰ったら、FacebookやTwitterに映画を観た直後の生々しい感想を投稿します。翌日か、2～3日して冷静に見られるようになってから、メルマガに内容を整理して映画批評を書き、ブログにも投稿します。

　映画ファンの人は多いので、映画についての記事や、最近話題になっている映画について書けば、それなりの注目を集めることができます。

（1）自分の得意分野について書く

　映画、テレビ、アニメ、演劇、コンサート。野球、サッカーなどのスポーツ。食べ歩きなどのグルメ。テレビゲームやスマホアプリ。あるいは、アイドルグループの話でもなんでもありです。自分の趣味について詳しく書けば、それが記事になります。

　誰でもひとつくらい、他の人よりも詳しいという趣味やスポーツ、得意ジャンルがあるはずです。「世の中、自分よりも詳しい人がいくらでもいる」と思うかもしれませんが、専門家のレベルでなくても、「高校のクラスでいちばん」くらいのレベルで、十分に人を引きつける記事は書けます。

（2）マニアックな記事ほど反応は高い

　マニアックな記事ほど反応は高くなります。マニアック、ディープ、オタク。深掘りするほど、反応は高くなります。

　「たくさんの人に読まれるよう一般的に書こう」と、幅広い読者を意識するほど、逆に反応は減ります。あなたの豆知識を動員

して、思いっきりマニアックな記事を書いてみましょう。

(3)「感想」「意見」「気付き」を書く

趣味投稿のコツは、自分の「感想」「意見」、そして自分の「気付き」を入れることです。

人が共感するのは、あなたが「映画を観た」という事実ではなく、あなたが「この映画を観て〇〇と思った」という感覚です。「感想」や「意見」がないと、共感は発生しません。

さらに、「気付き」が書かれていると、「そんな"気付き"が描かれている映画なら、自分も観に行こう！」と、読者の行動に変化が生じます。

「樺沢さんが紹介していた映画を観に行きましたが、本当によかったです。ありがとうございました！」というコメントがつくと、情報発信をしていてよかったなと思います。

(4) 読者の「感情」と「行動」を動かす

読者の「感情」を動かし、読者の「行動」を動かすのが、いい記事の条件です。何も感じず、なんの行動も誘発しない記事を読むのは、時間の無駄。読まないほうがましです。

「趣味について書く」ことは、個人的な興味や関心について書くことでもありますが、それが「自分ひとりだけ」にしか理解できないとするならば、情報発信として成立しないのです。

自分の記事は「読者に価値を提供できているのか？」と考えながら記事を書くと、一段レベルの高い記事を書くことができます。

楽しくなければ、「続ける」ことは不可能です。アウトプットを習慣にするためにも、「趣味について書く」ことは、始めやすく、続けやすく、盛り上がりやすいのでおすすめです。

**自分の「好き」を
よりマニアックに、書くだけでOK。**

おわりに

　人生を好転させるには、アウトプットが重要。
　本書を読み終えて、その理由が理解できたと思います。

　私が、インプットとアウトプットの黄金比率「3対7」を実現できるようになったのは、40歳を過ぎてからのことです。それからの10年で28冊の本を書き、メルマガを3000通以上発行し、動画を1500本以上更新してきました。
　私よりも、はるかに早くアウトプットの重要性に気付いたあなたは、これからの10年で飛躍的に自己成長し、輝かしいアウトプット人生を送ることは間違いないでしょう。
　40歳を超えているという方も、がっかりする必要はありません。インプットとアウトプットのサイクルを回すことは、最高の脳トレです。年齢を重ねても、「学び」「自己成長」「新しい発見」の日々が続けば、毎日を楽しく過ごしていけるでしょう。

おわりに

　本書の応用範囲は、「勉強」や「仕事」に限定するものではありません。話す・書くというのは、人間の交流です。アウトプット術は、実はコミュニケーション術でもあります。

　「非言語的コミュニケーション」「自己開示の法則」「相談する」「ほめる／叱る」などのアウトプット・コミュニケーション術を活用することで、あなたの人間関係は飛躍的に改善し、親しい友人も増え、パートナーができ、夫婦や親子関係が密になるというメリットが得られます。
　あなたがどれほど素晴らしい人間でも、アウトプットしない限り、周囲の人があなたの「魅力」や「真の能力」を知ることは不可能です。
　本書のアウトプット術を実行すれば、あなたの魅力・能力が多くの人に広がり、あなたは適切な評価を受け、信頼され、人間関係は豊かになり、楽しい人生になることは間違いないでしょう。

　精神科医の私が、ビジネス書として「アウトプット」の決定版を書いた理由。
　それは、ひとりでも多くの人に、仕事や学業によるストレスや、人間関係の悩みから解放されてほしい。その重要な鍵が「アウトプット」だからです。
　アウトプットが当たり前の習慣になれば、過剰なストレスや悩みは激減するでしょう。結果として、メンタル疾患や身体疾患、病気になる人も間違いなく減るはずです。
　アウトプットの習慣が広がり、病気になる人がひとりでも減る。そのために本書が役立てるのなら、精神科医として、これ以上の幸せはありません。

精神科医　樺沢紫苑

※本書でご紹介した情報・サービスは、書籍発刊時点のものであり、変更する場合があります。

参考図書

- 『幸福優位7つの法則　仕事も人生も充実させるハーバード式最新成功理論』（ショーン・エイカー著、徳間書店）
- 『脳が認める勉強法―「学習の科学」が明かす驚きの真実！』（ベネディクト・キャリー著、ダイヤモンド社）
- 『脳の力を100％活用するブレイン・ルール』（ジョン・メディナ著、NHK出版）
- 『脳を活かす仕事術　「かわる」をできるに「かえる」』（茂木健一郎著、PHP研究所）
- 『大学受験の神様が教える　記憶法大全』（和田秀樹著、ディスカヴァー・トゥエンティワン）
- 『「知」のソフトウェア　情報のインプット＆アウトプット』（立花隆著、講談社）
- 『元銀座No.1ホステスの心理カウンセラーが教える　彼の心を動かす「話し方」』（水希著、廣済堂出版）
- 『乱用を禁ズ！ワルの心理学―思いのままに人を操る法』（心の謎を探る会編、河出書房新社）
- 『自動的に夢がかなっていく　ブレイン・プログラミング』（アラン・ピーズ／バーバラ・ピーズ著、サンマーク出版）
- 『謝罪の研究―釈明の心理とはたらき』（大渕憲一著、東北大学出版会）
- 『書くことについて』（スティーヴン・キング著、小学館）
- 『ウェブはグループで進化する』（ポール・アダムス著、日経BP社）
- "Comparative Endocrinology, Volume 1"（H. Heller編、Academic Press）
- 『脳を鍛えるには運動しかない！』（ジョン・J・レイティ著、NHK出版）
- 『人間性の心理学―モチベーションとパーソナリティ』（A.H. マズロー著、産能大出版部）
- 『やる気と笑顔の繁盛店の「ほめシート」』（原邦雄著、ディスカヴァー・トゥエンティワン）
- 『スウェーデン式　アイデア・ブック』（フレドリック・ヘレーン著、ダイヤモンド社）
- 『もの忘れの脳科学』（苧阪満里子著、講談社）
- 『頑張らなければ、病気は治る』（樺沢紫苑著、あさ出版）
- 『いい緊張は能力を2倍にする』（樺沢紫苑著、文響社）
- 『父親はどこへ消えたか　映画で語る現代心理分析』（樺沢紫苑著、学芸みらい社）
- 『「苦しい」が「楽しい」に変わる本』（樺沢紫苑著、あさ出版）
- 『脳のパフォーマンスを最大まで引き出す　神・時間術』（樺沢紫苑著、大和書房）
- 『絶対にミスをしない人の脳の習慣』（樺沢紫苑著、SBクリエイティブ）
- 『SNSの超プロが教える　ソーシャルメディア文章術』（樺沢紫苑著、サンマーク出版）
- 『読んだら忘れない読書術』（樺沢紫苑著、サンマーク出版）

Profile
樺沢紫苑
かばさわ しおん

精神科医、作家
1965 年、札幌生まれ。1991 年、札幌医科大学医学部卒。2004 年からシカゴのイリノイ大学に 3 年間留学。帰国後、樺沢心理学研究所を設立。
SNS、メールマガジン、YouTube などで累計 40 万人以上に、精神医学や心理学、脳科学の知識・情報をわかりやすく伝え、「日本一、情報発信する医師」として活動している。
月に 20 冊以上の読書を 30 年以上継続している読書家。そのユニークな読書術を紹介した『読んだら忘れない読書術』(サンマーク出版)は、15 万部のベストセラーに。
その他、『いい緊張は能力を 2 倍にする』(文響社)、『脳のパフォーマンスを最大まで引き出す 神・時間術』(大和書房) など、28 冊の著書がある。
公式ブログ　http://kabasawa3.com/blog/

学びを結果に変える アウトプット大全
2018 年 8 月 3 日　初 版 発 行
2025 年 4 月 3 日　第 56 刷発行（累計 76 万 5 千部※電子書籍を含む）

著者　　　樺沢紫苑

デザイン　井上新八
DTP　　　セールストリガー

営業　　　市川 聡／石川 亮（サンクチュアリ出版）
広報　　　岩田梨恵子／南澤香織（サンクチュアリ出版）
編集　　　吉田麻衣子（サンクチュアリ出版）

発行者　鶴巻謙介
発行所　サンクチュアリ出版
〒 113-0023　東京都文京区向丘 2-14-9
TEL 03-5834-2507　FAX 03-5834-2508
https://www.sanctuarybooks.jp
info@sanctuarybooks.jp

印刷　　中央精版印刷株式会社

©shion kabasawa, 2018 PRINTED IN JAPAN

※本書の内容を無断で、複写・複製・転載・データ配信することを禁じます。
※定価及び ISBN コードはカバーに記載してあります。
※落丁本・乱丁本は送料弊社負担にてお取替えいたします。
レシート等の購入控えをご用意の上、弊社までお電話もしくはメールにてご連絡いただけましたら、書籍の交換方法についてご案内いたします。ただし、古本として購入等したものについては交換に応じられません。